NOUVELLES ARCHIVES

DES

MISSIONS SCIENTIFIQUES

ET LITTÉRAIRES

CHOIX DE RAPPORTS ET INSTRUCTIONS

PUBLIÉ SOUS LES AUSPICES

DU MINISTÈRE DE L'INSTRUCTION PUBLIQUE ET DES BEAUX-ARTS

TOME XIV

Fascicule 2

PARIS

IMPRIMERIE NATIONALE

MDCCCVII

NOUVELLES ARCHIVES

DES

MISSIONS SCIENTIFIQUES

ET LITTÉRAIRES

NOUVELLES ARCHIVES

MISSIONS SCIENTIFIQUES

ET LITTÉRAIRES

NOUVELLES ARCHIVES

DES

MISSIONS SCIENTIFIQUES

ET LITTÉRAIRES

CHOIX DE RAPPORTS ET INSTRUCTIONS

PUBLIÉ SOUS LES AUSPICES

DU MINISTÈRE DE L'INSTRUCTION PUBLIQUE ET DES BEAUX-ARTS

TOME XIV

Fascicule 2

PARIS
IMPRIMERIE NATIONALE

MDCCCCVII

Fascicule 3

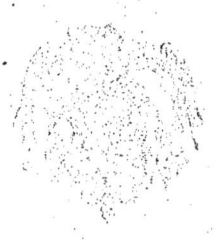

PARIS
IMPRIMERIE NATIONALE

MDCCCVII

RAPPORT
SUR
LES INSCRIPTIONS LATINES
DE LA TUNISIE

DÉCOUVERTES DEPUIS LA PUBLICATION DU SUPPLÉMENT
DU *CORPUS INSCRIPTIONUM LATINARUM*,

PAR M. ALFRED MERLIN,

DIRECTEUR DES ANTIQUITÉS ET ARTS DE LA TUNISIE.

Monsieur le Ministre,

J'ai l'honneur de vous faire parvenir un rapport sur la mission que vous avez bien voulu me confier, au cours des années 1904 et 1905, à l'effet de pratiquer en Tunisie des recherches relatives à l'épigraphie latine.

Dans les deux voyages que j'ai accomplis, à l'automne 1904 et au printemps 1905, je me suis attaché moins à déterrer des inscriptions inédites qu'à retrouver et à recopier des textes déjà connus, mais dont la teneur ne semblait pas entièrement ou correctement fixée. Parmi ces documents, j'ai tâché surtout de revoir ceux qui, découverts depuis une quinzaine d'années, ne figuraient encore ni au volume du *Corpus Inscriptionum Latinarum* rédigé par Wilmanns, ni au *Supplementum* de ce même tome VIII publié par Cagnat, Schmidt et Dessau. Mes tournées ont donc eu pour but principal, conformément à l'entente qui existait entre votre département et l'Académie de Berlin, de fournir aux éditeurs des *Additamenta* du *C. I. L.*, actuellement en préparation, des collations du plus grand nombre possible de monuments.

De ces collations, je n'ai relaté ci-après que les plus importantes, celles qui offrent pour l'intelligence générale du texte une valeur particulière. J'ai négligé à dessein de consigner ici toutes les lectures nouvelles qui ne visaient que des points de détail, entre autres toutes les modifications qui avaient trait dans les épitaphes à l'onomastique ou à l'âge du défunt. J'ai pensé d'autre part qu'il pourrait être utile, en attendant la rédaction des *Additamenta* du *Corpus*, de donner une sorte de memento, avec la bibliographie, des inscriptions relevées dans la Régence depuis 1890 environ et éparses maintenant dans nombre de périodiques ou d'ouvrages spéciaux. Une table alphabétique par noms de localités anciens et modernes est destinée à faciliter le maniement de la liste que j'ai dressée; j'y ai compris aussi les noms de lieux du *Supplementum* Cagnat-Schmidt-Dessau, qui est encore dépourvu d'*indices*.

Ce catalogue sommaire suit, à quelques exceptions près, l'ordre géographique adopté par les auteurs du *Corpus*. J'ai cru pouvoir laisser de côté, sans les mentionner, plusieurs catégories de textes : tout d'abord les inscriptions de *Dougga* (THUGGA), que M. Louis Poinssot s'est occupé de réunir en une série de brochures à part [1], et celles de Carthage, multiples mais bien souvent très fragmentaires, dont M. Audollent, dans son livre sur *Carthage romaine* [2], a indiqué les plus intéressantes. De même on ne trouvera plus loin ni les inscriptions chrétiennes, ni les milliaires, ni l'*instrumentum domesticum*, ni les *tabellae defixionum* qui ont déjà été ou seront prochainement groupés ailleurs [3]. Quant aux autres documents, je me suis efforcé d'être aussi complet que possible, tout en ne m'interdisant pas certaines omissions ou simplifications, afin de ne pas allonger outre mesure la bibliographie ou de ne pas multiplier hors nécessité les énoncés et les numéros. J'ai seulement cherché à mettre entre les mains des travailleurs un répertoire qui, sans prétendre se substituer aux recueils originaux ou aux revues épigraphiques, en rendît la consultation plus rapide et permît de se reconnaître plus aisément dans la quantité toujours croissante des inscriptions latines de la Tunisie [4].

Veuillez agréer, Monsieur le Ministre, l'assurance de mon très respectueux dévouement.

A. MERLIN.

---

[1] La première partie de ce travail a paru récemment dans le tome XIII, fasc. 3, des *Nouvelles Archives des Missions Scientifiques*.

[2] *Bibliothèque des Écoles françaises d'Athènes et de Rome*, fasc. 84 (Paris, 1901).

[3] M. Paul Monceaux fait paraître depuis 1903 dans la *Revue Archéologique* les résultats d'une *Enquête sur l'Épigraphie Chrétienne d'Afrique*. M. Audollent a publié dans son livre : *Defixionum tabellae quotquot innotuerunt...* (Paris, 1904) celles qui proviennent de l'Afrique, p. 287 à 416; pour les milliaires et l'*instrumentum*, la 3ᵉ partie du *Supplementum* Cagnat-Schmidt-Dessau, parue en 1904, les contient jusqu'à une date très rapprochée de nous.

[4] Le dépouillement des Revues périodiques a été arrêté en principe au 1ᵉʳ janvier 1906. Nous indiquerons cependant, autant que possible, les textes édités postérieurement à cette date.

Indication des principales abréviations :

Antiq. = *Bulletin de la Société Nationale des Antiquaires de France.*
Com. = *Bulletin Archéologique du Comité des Travaux Historiques.*
C. R. Acad. = *Comptes Rendus de l'Académie des Inscriptions et Belles-Lettres.*

I
TRIPOLITAINE.

CIDAMUS (Rhadames).

Inscription. *C. R. Acad.*, 1905, p. 38, cf. p. 248.

Ghirza.

Funéraires. *Nouv. Arch. Miss.*, XII, p. 24-25; Cagnat, *Ann. Épigr.*, 1904, n°ˢ 214 et 215.

Lachadié.

Funéraires. *Nouv. Arch. Miss.*, XII, p. 28; pl. XXI, fig. 1, cf. p. 30.

Tininaye.

Funéraire. *Id.*, p. 21.

Ksar Zougouseh (dans l'intérieur de la Tripolitaine).

Inscription. *The Antiquary*, 1896, p. 42-43, cf. p. 73; *Geographical Journal*, 1896, p. 155.

LEPTIS MAGNA (Lebda).

1. Dédicace à Mercure et à Minerve. *C. R. Acad.*, 1903, p. 201-202; Clermont-Ganneau, *Rec. d'arch. orient.*, VI, p. 55.
2. *C. I. L.*, 10 = *Mém. Antiq.*, 1899, p. 70, n° 3.
3. *C. I. L.*, 12, cf. p. 921 = *Id.*, p. 69, n° 1.
4. Fragments d'inscriptions impériales. *Id.*, p. 70, n°ˢ 3 et 4.
5. Dédicace à *Plautilla*, fiancée de Caracalla, par le *procurator*, les *liberti* et la *familia splendidissimi vectigalis IIII publicorum Africae*. *Com.*, février 1906, p. XVIII.

6. Statue honorifique élevée à *Flavius Victor Calpurnius*, v. [p.], *praeses provinciae Tripolitanae*, patron de la ville, par *Lepcis Magna*. *Nouv. Arch. Miss.*, X, p. 268; *C. R. Acad.*, 1903, p. 335 (= Cl.-Ganneau, *op. cit.*, p. 43); *Ann. Épigr.*, 1904, n° 14; Cowper, *The Hills of the Graces*, Londres, 1897, p. 208.

7. *C. I. L.*, 14 = *Mém. Antiq.*, 1899, p. 69, n° 2.

8. Base honorifique. *Id.*, p. 70, n° 3.

9. *C. I. L.*, 16 = *Id.*, p. 71, n° 8.

10. *C. I. L.*, 18 = *Id.*, n° 7.

11. *C. I. L.*, 19 = *Id.*, n° 6.

12. Funéraires. *Id.*, p. 70, n° 5; p. 71, n° 9; *C. R. Acad.*, 1903, p. 340 (= Cl.-Ganneau, *op. cit.*, p. 48); p. 341 (= *id.*, p. 49).

Environs de Leptis Magna.

Dans le sud de Khoms.

Funéraires. *C. R. Acad.*, 1903, p. 341 (= Cl.-Ganneau, *op. cit.*, p. 49), p. 342 (= *id.*, p. 50; *Ann. Épigr.*, 1904, n° 16; Cowper, *op. cit.*, p. 214).

Entre Khoms et El-Mergeb.

Funéraire. *C. R. Acad.*, p. 345 (= Cl.-Ganneau, *op. cit.*, p. 52).

El-Mergeb.

Dédicace à *Caelestis sanctissima*. *C. R. Acad.*, p. 344 (= Cl.-Ganneau, *op. cit.*, p. 52).

Près de Leptis Magna.

1. Fragments. *Nouv. Arch. Miss.*, XIII, p. 79.
2. Funéraires, *Id.*, p. 79-80.

Guigariche.

Funéraires avec mention des grades de *leo* et de *lea*, qui paraissent se rapporter aux mystères mithriaques. *C. R. Acad.*, 1903, p. 358 et 360, cf. p. 79, 116; *L'Arte*, 1903, p. 97 et 98; *Nuovo Bull. di Arch. Crist.*, 1903, p. 286.

Sabrata (Sabratha).

Dédicace à *Caelestis* sous Marc Aurèle et Commode (176-180). *Nouv. Arch. Miss.*, X, p. 274; XII, p. 8; *Ann. Épigr.*, 1903, n° 355.

Hr. Ziane.

CAELESTIS AVG
ANNIVS ISTRVGIS IIII / S
SACERDOS ANNO X / DAMIO
NORICO ET GABINIO GEMELLO
MAG

Com., 1905, p. ccx; nouvelles lectures. L. 2. FILIuS(?); l. 4. L'N du début est cassé; le B et surtout l'N de *Gabinio* sont douteux. — Un *magister* de Ziane était déjà connu (*C. I. L.*, 11008).

Ksar Kouti.

Funéraire mentionnant un mausolée. *Com.*, 1888, p. 449.

Gigthis (Bou Grara).

1. Dédicace d'un *aedes Apollinis* en 162, sous le proconsulat de Q. Voconius Saxa Fidus (en partie *C. I. L.*, 11029). *Festschr. für O. Hirschfeld* (1903), p. 168.
2. Dédicace à la Concorde. *Com.*, 1902, p. cxxvi.
3. Dédicace d'un temple à la *Concordia Panthea*, signalée *Id.*, p. cxxvii.
4. Dédicace à Mercure, signalée *Id.*, p. cxc.
5. Dédicace d'un *aedes picta cum columnis*, signalée *Id.*, p. cxxvii.
6. Dédicace d'une statue par un édile, M. Servilius Plautus. *Com.*, décembre 1906, p. xiii.
7. Dédicace à Antonin, *conditor municipii*. *C. R. Acad.*, 1902, p. 37; cf. *Com.*, 1902, p. cxxvii.
8. Autres dédicaces impériales, signalées *Com.*, 1902, *id.*
9. Base honorifique à M. Servilius Draco Albucianus, *duumvir, flamen perpetuus, quod..... legationem urbicam gratuitam ad Latium majus petendum duplicem susceperit tandemque feliciter renuntiaverit. C. R. Acad.*, 1902, p. 38; *Com.*, 1902, *id.*; cf. *Zeitschr. für Rechtsgesch., röm. Abteil.*, 1902, p. 51.

10. Inscriptions honorifiques, signalées *Com.*, 1902, p. cxxviii; p. clxxxviii et ix; cf. 1901, p. ccxxii; *C. R. Acad.*, 1903, p. 463 (Dédicace élevée par les *Chinithi*).

11. Épitaphe, signalée *Catal. Musée Alaoui*, p. 99, n° 481.

12. Inscription sur fresque. *C. R. Acad.*, 1903, p. 462; *Com.*, 1903, p. ccvii.

Sur les inscriptions de *Gigthis*, cf. Gauckler, *Compte Rendu de la marche du Service des Antiquités en 1901*, p. 14-15; p. 18; *en 1902*, p. 22 à 25; *en 1903*, p. 28; *C. R. Acad.*, 1903, p. 463.

El-Amrouni près Remada.

Funéraire. *C. R. Acad.*, 1894, p. 477, cf. p. 272.

Cheggayat.

Funéraire. *Com.*, 1901, p. 152.

Près de Foum Tatahouine.

Funéraire. *C. R. Acad.*, 1894, p. 470; cf. p. 394.

Ras el-Aïn Tlalet.

1. Inscription dédicatoire du *castellum*, sous le règne de Gallien; le camp de la *cohors VIII^a fida* est établi sur le *limes Tripolitanus*. *Id.*, p. 472, cf. p. 401; 1902, p. 335; *Com.*, 1901, p. 430.

2. Inscription semblable, signalée *Com.*, 1903, p. 354.

3. Fragments, l'un avec le nom de Constance Chlore (?). *C. R. Acad.*, 1894, p. 475-476.

4. Réparation (?) des remparts d'une enceinte destinée à servir de refuge aux *provinciales*. *Id.*, p. 476.

Tibubuci (Ksar Tarcine).

1. Construction du *centenarium Tibubuci*, commencé par *Valerius Vibianus*, v. p., terminé par *Aurelius Quintianus*, v. p., *praeses provinciae Tripolitanae*. *Com.*, 1902, p. cxxix; 1903, p. 370; *C. R. Acad.*, 1902, p. 333; cf. *Mélanges Perrot*, p. 125.

2. Graffites. *Com.*, 1903, p. 370.

A 20 kilomètres à l'ouest de Ksar Tarcine.

Début de dédicace à Trajan ou Hadrien. *Com.*, mai 1906, p. xxvi.

Ksar Benia des Ouled Bel Recheb.

Fragment et marques. *Id.*, p. 359 et 358.

Tisavar (Ksar Ghelan, El-Hagueuff).

1. Ex-voto au *Genius Tisavar* par un centurion de la *legio III^a Augusta*. *C. R. Acad.*, 1900, p. 544; *Com.*, 1900, p. CLXVIII; *Rec. Constantine*, 1901, p. 277.
2. Ex-voto à Jupiter. *C. R. Acad.*, 1900, p. 543; *Com.*, 1900, id.; 1901, p. 89.
3. Fragment de stuc peint avec le nom de *Tisavar*. *C. R. Acad.*, 1900, p. 545; cf. *Com.*, 1900, p. CLXIX.
4. Autre fragment. *C. R. Acad.*, 1900, p. 547.

Hr. Bou Guerba.

1. Fragments. *Com.*, 1903, p. 390.
2. Funéraires. *Com.*, 1902, p. 406 et pl. XLVII (n° 1 de cette planche = *Com.*, 1901, p. CLXV); 1903, p. 390.

Benia Guedah Ceder.

Funéraire. *Com.*, 1904, p. 471.

Hr. el-Gueciret.

Inscription dédicatoire d'une tour construite sur le domaine des *Manilii Arellii*. *Com.*, 1905, p. 266.

Zitounat et-Taief = Hr. Bettiour
(14 kil. au S.-E. de Mareth).

C. I. L., 10491 = *Nouv. Arch. Miss.*, IX, p. 137.

Mareth.

Fragment. *Id.*, p. 136, n° 1.

Ksar Lattache (près de Mareth).

Fragment. *Id.*, n° 2.

Tacapae (Gabès).

1. *C. I. L.*, 39 = *Nouv. Arch. Miss.*, IX, p. 134, n° 1.
2. *C. I. L.*, 10492 et 11052 = *Id.*, n° 2.
3. *C. I. L.*, 10493 = *Id.*, n° 3.
4. Fragments. *Id.*, n° 4; *Com.*, 1893, p. 151, n° 1; *Mém. Antiq.*, 1903, p. 23, n° 4, cf. p. 275-276; p. 27, n° 7; p. 28, n°ˢ 8 et 9.
5. Funéraires. *Nouv. Arch. Miss.*, IX, p. 135, n° 5; *Com.*, 1899, p. cxlv.

Dédicace impériale, signalée *Com.*, 1899, p. cxlv.

C. I. L. 5205, 5206, 5207, doivent être attribués à Gabès (*Mém. Antiq.*, 1903, p. 275-276; cf. p. 21 à 27).

Sidi Boul Baba.

Funéraire. *Nouv. Arch. Miss.*, IX, p. 135, n° 6.

Meninx (Houmt Cedouikech, dans l'île de Djerba).

Dédicace à un légat propréteur de Pannonie Supérieure par les *cives Meningitani*. *Rev. Tunis.*, 1895, p. 230, n° 6; *C. R. Acad.*, 1895, p. 73; *Ann. Épigr.*, 1895, n° 72. Peut-être ce légat est-il *L. Minicius Natalis*: *Bull. Acad. Hippone*, 1894, p. 99.

II

BYZACÈNE.

Silesua ? (Hr. Haïra).

Funéraire. *Com.*, 1899, p. 550.

Thaenae (Hr. Thina).

1. Fragment d'inscription honorifique (?). *Com.*, 1897, p. 379, n° 64.

2. Funéraires. *Com.*, 1891, p. 540, n° 34; 1892, p. 142, 143, 144; 1894, p. 326-327, n°ˢ 1 à 5; 1897, p. 379, n° 65; 1898, p. 194; 1900, p. cxxxix et cxl; *Rev. Tunis.*, 1905, p. 70 (une *sacerdos col(oniae) Thaenitanae*).

Taparura (Sfax).

1. Fragment de la dédicace d'un édifice avec les noms de Valentinien et de Valens (entre 364 et 367). *Antiq.*, 1901, p. 335.
2. Fragment et graffite. *Com.*, 1903, p. cxciii.
3. Funéraires. *Com.*, 1891, p. 537, n° 15 (= *Com.*, 1892, p. 144 où elle est donnée comme venant de Thina); 1903, p. cxciii (= *C. I. L.*, 11143).

Sullecthum (Hr. Salakta).

Funéraires. *Com.*, 1890, p. 447.

Près d'El-Alia.

Dans une mosaïque, nom du propriétaire de la maison ou de l'artiste. *Com.*, 1901, p. 144.

El-Aerg.

Fragment. *Com.*, 1902, p. cliii.

Hr. Zouaouda.

Funéraires. *Com.*, 1897, p. 467, n°ˢ 322-323.

Dar el-Hadj Hassen.

Funéraires. *Com.*, 1890, p. 452; 1893, p. 191, n° 11.

Madhia.

Inscription. *Com.*, 1890, p. 452.

Hr. Bressa, près de Massar Nefzaoui.

Borne limite d'une propriété. *Com.*, 1900, p. 108.

Thysdrus (El-Djem).

1. Ex-voto à la Lune dédié pour le salut de l'empereur Auguste par un *augur* (?). *Antiq.*, 1904, p. 300.

2. Ex-voto à Mercure, *sanctus Genius coloniae Thysdritanorum. Id.*, p. 155.

3. Inscriptions votives. *Com.*, 1901, p. cxciii; *Nouv. Arch. Miss.*, IX, p. 112, n° 6.

4. *C. I. L.*, 50 = *Com.*, 1890, p. 453.

5. Dédicace à Caracalla, *particeps imperii. Mém. Antiq.*, 1895, p. 133; *Com.*, 1888, p. 471, n° 7; 1902, p. clxxix = *C. I. L.*, 12211.

6. Fragments se rapportant à une réfection des thermes sous Constantin, entre 323 et 333, signalés *Com.*, 1902, p. clxxxviii.

7. Texte en l'honneur de L. *Egnatuleius Sabinus* (cursus équestre) *Bull. Soc. Arch. Sousse*, 1903, p. 36 = *C. I. L.*, 10500.

8. Fragment de base honorifique. *C. R. Acad. Hippone*, 1893, p. xvii; *Com.*, 1894, p. 254, n° 56.

9. Inscriptions commémorant l'institution de jeux du cirque. *Com.*, 1901, p. ccxxvii; cf. 1902, p. clxxxvi et vii.

10. Fragment de dédicace. *Com.*, 1901, p. ccxxviii.

11. Fragments. *Nouv. Arch. Miss.*, IX, p. 110-111; *Com.*, 1897, p. 377, n° 59 = *Nouv. Arch. Miss.*, IX, p. 113; *Bull. Soc. Arch. Sousse*, 1904, p. 214 et 215.

12. Funéraires. *Com.*, 1897, p. 377, n° 58; p. 378, n°s 60-61; 1901, p. 151-152.

13. *C. I. L.*, 11100 = 12214. — *C. I. L.*, 12213. Cf. *Musées de Sousse*, p. 47, n° 11.

14. Nom sur une mosaïque. *Com.*, 1897, p. 376, n° 57.

Bir el-Kahia
(au bord de la route de **Kerker** à la **Smala**).

Inscription sur une base de colonne. *Com.*, 1895, p. 309.

Leptis Minor (Lemta).

1. Dédicace à Plotine, femme de Trajan. *Com.*, 1891, p. 201, n° 29; 1897, p. 380, n° 66.
2. Base honorifique à *L. Aemilius Adjutor, antistes sacrorum Liberi patris curiae Augustae*, élevée par la *curia Augusta*. *Com.*, 1895, p. 69, n° 4; *Rev. Tunis.*, 1895, p. 393.
3. Base honorifique à *M. Nonius Capito*, mari de *Marcia Pompeiana* (n° 5). *Com.*, 1895, p. 71, n° 6; *Rev. Tunis.*, 1895, p. 233; *Com.*, 1897, p. 379.
4. Base honorifique à . . . . . *Catulus, aedilis, quaestor aerarii, pontifex, praefectus jure dicundo, antistes sacrorum*, élevée par la *juventus curiae Ulpiae*. *Com.*, 1895, p. 69, n° 3; *Rev. Tunis.*, 1895, p. 232; *Ann. Épigr.*, 1896, n° 32.
5. Base honorifique à *Marcia Pompeiana, flaminica perpetua*. *Com.*, 1895, p. 71, n° 5; *Rev. Tunis.*, 1895, p. 233; *Com.*, 1897, p. 379.
6. Fragments d'inscriptions publiques. *Com.*, 1891, p. 202, n° 30; 1901, p. ccxviii; *Rev. Tunis.*, 1895, p. 231.
7. Épitaphe d'un soldat de la *legio iii^a Augusta*, mort dans un combat *inter Aras et Vatari. C. R. Acad.*, 1896, p. 226; *Com.*, 1897, p. 380, n° 67.
8. Funéraire. *Com.*, 1901, p. ccxii.

Benbla (entre Monastir et Sousse).

Fragment. *Com.*, 1891, p. 201, n° 28; 1892, p. 312, n° 55, cf. p. 495.

Hadrumetum (Sousse).

1. Fragment avec le mot *templum. Com.*, 1897, p. 381, n° 68.
2. Partie droite d'une tessère d'hospitalité de 112 ap. J.-C. *Com.*, 1899, p. ccvi.
3. Fragments. *Com.*, 1897, p. 381, n° 70; 1902, p. cxcii; *Bull. Soc. Arch. Sousse*, 1905, p. 108, n° 8; p. 109, n° 17.
4. Funéraires. *Com.*, 1889, p. 367; 1891, p. 205, 538 à 540; 1892, p. 312-313; 1893, p. 190-191, 200 à 202; 1894, p. 253, n° 47 (= *Cosmos*, 1891, p. 375); p. 254, n°s 48 et 49; p. 356, n° 62; 1896, p. 282-283, n°s 243-244; 1901, p. ccxviii; 1902, p. cli-clii, clxxx et suiv.; cxcii, 442; 1903, p. 181

et suiv., 545, 549, 553 (=ccrv et ccv); 1904, p. 435, 442, 451; *Antiq.*, 1902, p. 345; 1904, p. 231 (?); *Mém. Antiq.*, 1900, p. 242; *Bull. Soc. Arch. Sousse*, 1904, p. 210; 1905, p. 36, 107 à 109, 237 et 288.

(Entre autres, épitaphe d'un *sacerdos Plutonis* par une *sacerdos Caelestis*, *Com.*, 1893, p. 200, n° 2; prix des funérailles, *Com.*, 1903, p. 182, n° 3 = *Bull. Soc. Arch. Sousse*, 1903, p. 42.)

4 bis. *C. I. L.*, 12212, 12215 (=*Com.*, 1902, p. CLI, n° 7), 12216. Cf. *Musées de Sousse*, p. 48-49, n°ˢ 25, 19/24, 20.

5. Inscriptions peintes dans des tombeaux. *Com.*, 1892, p. 457 et 458; *Rec. Constantine*, 1892, p. 346 et pl.

6. Sur des mosaïques. *C. R. Acad.*, 1896, p. 579 = *Monuments Piot*, IV, p. 237 et pl. XX; *Com.*, 1904, p. 433-434.

7. Noms de chevaux. *Collections du Musée Alaoui*, p. 23 et 25.

8. *C. I. L.*, 11150 = *Id.*, p. 21.

9. Inscription. *Bull. Soc. Arch. Sousse*, 1903, p. 210.

Moureddine.

Fragment. *Com.*, 1892, p. 493, n° 28.

Sidi el-Hani.

Fragments. *Bull. Soc. Arch. Sousse*, 1904, p. 33.

Kala Kebira.

C. I. L., 72 = *Com.*, 1892, p. 485, n° 1.

ULIZIPPARA ? (Hr. Zembra).

1. Fragment. *Bull. Soc. Arch. Sousse*, 1903, p. 26.
2. Funéraire. *Com.*, 1892, p. 487, n° 3.

HORREA CAELIA (Hergla).

1. Inscription votive. *Bull. Soc. Arch. Sousse*, 1904, p. 104.
2. Funéraires. *Id.*, p. 105; *Com.*, 1892, p. 492, n° 26.

Sidi Abich. — UPPENNA (Hr. Chigarnia, Hr. Fragha).

Ex-voto à Saturne, élevés par des *sacerdos Saturni*, et fragment à Saturne. *Com.*, 1899, p. CLIV; 1905, p. CLXXXIX — et p. CXC.

Hr. Sidi Khalifa.

1. Base honorifique retaillée en chapiteau. *Com.*, 1897, p. 368, n° 18.

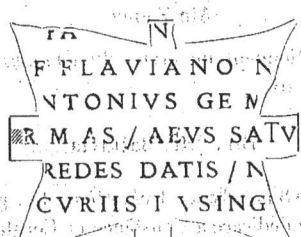

Ligne 1. IA..... N..... — L. 2. *F(il) Flaviano*; fin. A ou M. — L. 3 *A]ntonius Gem[inus, ellus]*. — L. 4. *Satu[rninus, rus, llus]*. — L. 5. *he]redes*. — L. 6. *curiis [in] sing[ulos..* ou *[ex] sing[ulis..]*.

2. Fragment. *Bull. Soc. Arch. Sousse*, 1903, p. 28.

Hr. Bou Ficha.

Funéraire. *Com.*, 1892, p. 307, n° 30.

SEGERMES (Hr. Harat).

1. Dédicace du Capitole (*C. I. L.*, 11167), réédifié entre 286 et 292 ap. J.-C. par la *respublica Segermitanorum*. *Com.*, 1905, p. 257; *Antiq.*, 1905, p. 176.
2. *C. I. L.*, 11168. Cf. *Com.*, 1894, p. 251, n° 45.
3. Base honorifique à *Sabinia Tranquillina*, femme de Gordien III. *Antiq.*, 1905, p. 177; cf. *Com.*, 1904, p. 462.
4. Base honorifique dédiée à Aurélien par le *municipium Segermes*. *Com.*, 1904, p. 455.
5. Nouveau fragment du *C. I. L.*, 11176. *Com.*, 1905, p. 252; *Antiq.*, 1905, p. 180.
6. Base en l'honneur d'un ...*curator viae Pedanae*,...*procurator Augustorum regionis Hadrumetinae* (cursus équestre). *Com.*, 1905, p. 255; *Antiq.*, 1905, p. 178. — A rapprocher de *C. I. L.*, 11174.

7. Autre base honorifique, avec mention de l'ordo Segermitanorum. *Antiq.*, 1905, p. 179.

8. Fragment avec *municipium Segermes*. *Com.*, 1904, p. CLII, p. 455.

Aïn Faouar.

Fragment mentionnant un prêtre du *dominus Saturnus*. *Com.*, 1897, p. 369, n° 20.

BIIA (Hr. Battaria).

1. *C. I. L.*, 11184 = *Nouv. Arch. Miss.*, IX, p. 105.
2. Fragment de dédicace à Constance et Constant. *Id.*, p. 107; *Com.*, 1895, p. 68, n° 2.
3. Fragment de bandeau avec le nom de la *civitas Biiensis*. *Com., id.*, n° 1.
4. Fragment. *Com.*, 1894, p. 351, n° 39.
5. Stèles votives avec le nom du dédicant. *Com.*, 1897, p. 372-373, n°^{bs} 26 à 31.

MEDICCERA (Aïn Mdeker).

Funéraire. *Com.*, 1901, p. CLXXVIII et CCXIX.

Aïn Garci.

Funéraire. *Bull. Soc. Arch. Sousse*, 1903, p. 187.

FUNDUS ... ITANUS (Hr. Salah ou Sadik).

Construction d'un temple aux Cérès (*maceria dom. Cerer.*) par la *plebs fundi ... itani* sous le règne de Marc Aurèle et Verus; mention d'un *magister*. *Com.*, 1892, p. 486, n° 2.

ZUCCHAR (Hr. Aïn Djougar).

1. Ex-voto à Saturne. *Com.*, 1893, p. 226, n° 63; Toutain, *De Saturni cultu*, p. 13.
2. Fragment. *Com., id.*, n° 64.

Vicus Haterianus (Hr. Zenngrou).

Base honorifique à l'empereur Hadrien, élevée en 129 par les *cives Romani qui vico Hateriano morantur*. *Id.*, p. 236, n° 100.

Abthugni (Hr. es-Souar).

1. Borne marquant la limite entre l'*Africa vetus* et l'*Africa nova* rétablie par ordre de Vespasien. *Com.*, 1893, p. 239, n° 107; *C. R. Acad.*, 1894, p. 46. — Cf. plus loin, *Hr. Chetlou*, p. 164.
2. Base honorifique à un curateur du *municipium Abthugnitanorum*. *Com.*, 1893, p. 226, n° 65.
3. Fragment de base. *Id.*, p. 227, n° 66.
4. Funéraires. *Id.*, p. 227 à 229, n°s 67 et suiv.; 1902, p. 535.

Aïn Berouta.

Fragment d'inscription impériale. *Id.*, p. 229, n° 75.

Hr. Aïn Zeress.

Funéraires. *Id.*, p. 224-225, n°s 57 et 58.

Seressi (Hr. Oum el-Abouab).

1. Fragment avec les noms d'Honorius et de Théodose. *Id.*, p. 225, n° 60.
2. Fragment d'impériale (?). *Id.*, n° 61 (= *C.I.L.*, 11214).
3. Funéraires. *Id.*, n°b 62; 1894, p. 261, n° 64; p. 262; 1897, p. 369, n° 23.

Hr. Dedech (près d'Hr. Oum el-Abouab).

Fragment. *Com.*, 1897, p. 369, n° 22.

Djelloula.

Ex-voto *Deo Patrio M*... *Com.*, 1900, p. cxxxv.
Inscriptions, signalées *Id.*

Hr. Bou Idaria. Bir el-Hadj. Ksar el-Ahmour.

Funéraires, signalées *Id.*

El-Aala.

Funéraire d'un *sacerdos*. *Com.*, 1896, p. 278, n° 218; 1897, p. 382, n° 71.

Aïn Ghorab.

Épitaphes, signalées *Com.*, 1899, p. cxlii.

Hr. Djouana.

Funéraire. *Com.*, 1901, p. 115.

Sidi Nasseur Allah.

Inscription sur mosaïque, dédicace d'une maison. *Com.*, mars 1906, p. xvi; *Bull. Soc. Arch. Sousse*, 1906, p. 20.

Hr. Srira.

Ex-voto à Saturne. *Com.*, mai 1906, p. xviii et suiv.

MASCLIANAE (Hadjeb el-Aïoun).

1. Fragment de dédicace impériale. *Com.*, 1894, p. 291; 1897, p. 383, n° 73; *Rev. Arch.*, 1895, II, p. 298.
2. Fragments. *Com.*, 1894, p. 290.
3. Funéraires. *Com.*, 1893, p. 151-152, n°s 2 à 5 (n° 2 = *Nouv. Arch. Miss.*, IX, p. 128); 1905, p. 273 et 274; *Bull. Soc. Arch. Sousse*, 1905, p. 17, 275.

TURRIS TAMALLENI (Telmine).

1. Fragments. *Nouv. Arch. Miss.*, IX, p. 150-151; *Com.*, 1903, p. 299-300.
2. Funéraire. *Com.*, id., p. 296.

Rabta (oasis de Telmine).

Fragment. *Com.*, id., p. 301.

A 2 kilomètres au nord-est du confluent de l'Oued Adifa et de l'Oued Oukkar.

Funéraire. *Mém. Antiq.*, 1903, p. 224.

Hr. Chenah.

Borne de centuriation posée par la IIIe légion, la troisième année du proconsulat de C. *Vibius Marsus* (29-30 ap. J.-C.). *Mém. Antiq.*, 1903, p. 227; *Ann. Épigr.*, 1905, n° 185.

Bled Segui (vallée de l'Oued Besbess).

Borne limite, sans doute analogue à la précédente, mais brisée en haut. *Com.*, 1895, p. 99.

Hr. Ali Ben Sultan = Hr. Bechri.

Funéraire. *Com.*, 1904, p. 357.

Kef en-Neçour.

Funéraire. *Com.*, 1898, p. 195.

R'det Bou Renima, dans le Djebel Asker.

1. Inscription votive dédiée sous Trajan; suffètes. *Com.*, 1903, p. 203, 337; 1904, p. 354; 1905, p. ccxi; 1906, p. 246.
2. Fragment d'inscription impériale. *Com.*, 1906, p. 247.

Thiges (Gourbata).

1. Dédicace à Domitien, en 83, par la *civitas Thigensium*, L. *Javolenus Priscus* étant légat propréteur. *Com.*, 1894, p. 264, n° 72; *Antiq.*, 1894, p. 122, cf. p. 92; *C. R. Acad.*, 1894, p. 229; cf. p. 186-187.
2. (Au sud d'Aïn Abdou). Dédicace à Nerva, en 97, par le *castellus Thigensium*, Q. *Fabius Barbarus Valerius Magnus Julianus* légat propréteur. *C. R. Acad.*, 1891, p. 293, cf. 1894, p. 229.

Au sud-ouest de Gouifla.

Fragment. *Com.*, 1892, p. 491.

Hr. Bou Driès.

Funéraires. *C. R. Acad. Hippone*, 1890, p. LXIV.

Hr. Gousset.

Funéraires. *Rec. Constantine*, 1894, p. 578, n°ˢ 26-27.

THELEPTE (**Medinet el-Qdima** et **Feriana**).

1. Dédicace à l'Océan (?). *Bull. Soc. Arch. Sousse*, 1905, p. 13.
2. Funéraires. *C. R. Acad. Hippone*, 1890, p. LXIV, n° 9 (mention d'un centurion de la *legio secunda Flavia Virtus*); *Com.*, 1894, p. 335, n°ˢ 38 et 39.

Hr. Chaffaï.

Funéraires. *Com.*, 1893, p. 171.

Hr. Cheraga.

Funéraires. *Id.*, p. 172.

Hr. Tamesmida.

Épitaphe d'un légionnaire de la III^a *Augusta*. *Com.*, 1900, p. CXLVI.

Oum ed-Debban.

Funéraires. *Com.*, 1903, p. 200 et 201, n°ˢ 5 à 7.

Hr. Bir el-Hafei.

C. I. L., 11291 = *Id.*, p. 192, n° 4.

Ksar Ouergha.

Funéraire. *Com.*, 1897, p. 387, n° 88; 1903, p. 193, n° 15.

Hr. Zallet.

Funéraire. *Com.*, 1903, p. 194, n° 17.

Hr. Rechig.

1. Dédicace à Gordien III par la *gens Musulamiorum Regiensium*. *Id.*, p. 199, n° 4.
2. Funéraires. *Com.*, 1894, p. 329, n° 15; 1903, p. 198, n°ˢ 1 à 3.

Hr. Guefa el-Metsane
(10 kilom. à l'est d'Hr. Kamor).

Funéraire. *Com.*, 1903, p. 193, n° 16.

Hr. Mechdouj.

Funéraires. *Com.*, 1894, p. 259, n°s 58 et 59 (n° 58 = *C. I. L.*, 209; n° 59 = *Id.*, p. 329, n° 14).

Hr. Ouech-Ouech.

Fragment. *Id.*, p. 328, n° 12.

Hr. Hedousif.

Funéraire. *Id.*, n° 11.

CILLIUM (Kasrin).

1. Fragment d'inscription impériale. *Id.*, p. 327, n° 6.
2. Base honorifique à *Aelia Valeria Kapitolina Pompeiana* par les *curiae universae municipii Cillitani*. *Com.*, 1901, p. 117, n° 12.
3. Fragment de base honorifique. *Com.*, 1894, p. 327, n° 7.
4. Funéraires. *Com.*, 1891, p. 202, n° 33; 1894, p. 327, n° 8; p. 328, n°s 9 et 10; 1895, p. 324 [l'une d'elles (1895, p. 324 = *C.I.L.*, 11306) est celle d'une *sacerdos magna Cererum*]; *Rec. Constantine*, 1894, p. 580.

Bordj Chambi.

Fragment. *Bull. Soc. Arch. Sousse*, 1905, p. 17.

Koudiat Roumad (2,500 mètres au sud de Sbeitla).

Funéraire. *Com.*, 1897, p. 385, n° 80.

SUFETULA (Sbeitla).

1. *C.I.L.*, 11395 = *Id.*, p. 383, n° 78 (à rapprocher de *C.I.L.*, 11342).
2. Base honorifique à un personnage *praefectus jure dicundo, ii vir*, par les *curiae universae*. *Com.*, janvier 1907, p. xii.
3. Funéraires. *Com.*, 1904, p. CLX.
4. Bornes limites. *Antiq.*, 1895, p. 229; *Com.*, 1897, p. 383, n°s 74 à 77; 1901, p. 116.

Hr. el-Oust.

Funéraire. *Com.*, 1897, p. 384, n° 79.

Sufes (Sbiba).

1. Fragments. *Com.*, 1897, p. 386-387, n⁰ˢ 84 à 86 (84 = (?) *C. I. L.*, 11425 a).
2. Funéraire. *Id.*, p. 386, n° 83.

Casae (Hr. el-Begar).

C. I. L., 11451 = *C. R. Acad.*, 1906, p. 450 à 452, 454.

Hr. Ben Drèje.

Inscriptions, signalées *Com.*, 1900, p. cxxxiv.

Hr. el-Mahalla (vallée de l'Oued el-Hathob).

Funéraires. *Com.*, 1901, p. clxxvii.

Nefidhet el-Mecid = Aïn Maja.

1. Ex-voto au *dominus et deus Neptunus*. *Com.*, 1897, p. 382, n° 72; 1900, p. cxxxiv.
2. Cippe funéraire d'une prêtresse, signalé *Com.*, 1900, p. cxxxiii.

Aux environs d'Hr. Djebbana.

Funéraire. *Com.*, 1900, p. 110.

Hr. Mzareg es-Semech.

Funéraire. *Id.*, p. 112.

Khanguèt Slougui.

Funéraire. *Com.*, 1895, p. 325.

Ammaedara (Haïdra).

1. Inscription impériale. *Rec. Constantine*, 1894, p. 569, n° 2.
2. Épitaphes de soldats et de vétéran de la *legio* iiiᵃ *Augusta* (indication de villes d'origine). *Com.*, 1900, p. 94 et 95 (cf. 1899, p. ccvii).

3. Épitaphes de soldats d'une *cohors* xv^a (id). *Com.*, 1900, p. 93 (cf. 1899, p. ccvii).

4. Funéraire d'un esclave de *Sergius Cornelius Cethegus*, proconsul vraisemblablement d'Afrique. *Com.*, 1899, p. ccvi; 1900, p. 92.

5. Funéraire d'un *servus amanuensis* de *Cn. Domitius Tullus*, légat de l'armée d'Afrique en 75. *Com.*, 1896, p. 219, n° 188.

6. Funéraires. *Rec. Constantine*, 1892, p. 330 et suiv., n°s 58 et suiv. (p. 333, n° 61 : élevée par les *curiales*); 1894, p. 569, n° 1; p. 570 à 573, n°s 4 à 19 et n° 28; p. 575-576, n°s 21 à 25; p. 581, n° 29 (Certaines sont déjà publiées au *C.I.L.*). *Com.*, 1900, p. 96, n° 11; juin 1906, p. xxix-xxx.

7. Fragment. *Id.*, 1894, p. 569, n° 3.

Zaouïa de Sidi Mohammed ech-Chaffaï,
près d'Aïn el-Menchia.

Les *cultores Jovis optimi maximi* construisent un *paganicum*. *C. R. Acad.*, 1905, p. 296; *Com.*, 1905, p. cxcii (sur le sens du mot *paganicum*, cf. *C.I.L.*, 16368, 7).

Sur la rive droite de l'Oued Haïdra
entre Kef Ali Ben Ahmed et Hr. Amara Ben Saad.

Funéraires. *Com.*, 1900, p. 111.

Thala.

1. Dédicace d'un *porticus columnata cum gradibus vii* à *Caelestis*. *Antiq.*, 1898, p. 116, n° 7.

2. Offrande d'une *janua* à Pluton. *Id.*, p. 117, n° 8.

3. Dédicace au *deus dominus Saturnus* par ses prêtres. *Com.*, 1899, p. ccvii; 1900, p. 97.

4. Offrande à Saturne d'un *baetilus cum columna*. *Antiq.*, 1898, p. 115, n° 3.

5.   SATVRNO✧AVG✧M✧EGRIN]us.....   o m. 04.
            ✧CVm?   o m. 03.

Com., 1901, p. 142.

6. Consécration d'un autel à Saturne (?). *Antiq.*, 1898, p. 116, n° 5.

7. Ex-voto à Saturne. *Antiq.*, 1898, p. 116, n° 6.

8. Débris d'inscription dédicatoire. *Id.*, p. 117, n° 9.

9. Fragment d'une autre inscription, dédicatoire d'un portique. *Id.*, p. 115, n° 4.

10. Ex-voto à une divinité dont le nom est mutilé, peut-être *Faunus*. *Id.*, p. 117, n° 10.

11. Dédicace à un empereur. *Com.*, 1901, p. 143.

12. ⊂ AES ⊃

```
   IMPP · DD NN · DIO
   CLETIANO III · ET MA
   XIMIANO II COSS ·
   HH · SVLPICII · FELICIS · ISTV
 5 TOPVS · PLATEAE · QVAM
   FELIX · PATER EQRS · OB AEDI
   LITATIS · SVAE HONOREM · PR
   OMISIT C · N · A · CVM GRADIB ·
   III · PROPRIIS · SVMPTIBVS PE
10 FECERVNT · PER · SVL · PRIM · TVT ·
```

Antiq., 1897, p. 304.
L'inscription est entourée d'un cadre orné de feuilles de lierre.
L. 9. Fin. PE, l'r de *perfecerunt* a été omis.
L. 8. L'interprétation est douteuse, cf. *Antiq.*, 1898, p. 115.

13. Dédicace des thermes, sous Dioclétien et Maximien (?). *Antiq.*, 1897, p. 305.

14. Épitaphe d'un soldat de la *legio* III*a* *Augusta*, mort à xxxv ans. *Antiq.*, 1898, p. 118, n° 11.

15. Funéraires. *Com.*, 1900, p. 97 à 101.

Aïn Char.

Funéraire. *Id.*, p. 112.

Aïn Barouri.

Funéraire d'une *sacerdos*. *Com.*, juin 1906, p. XXIX.

Si Ali Ben Khaled.

Funéraire. *Com.*, 1900, p. 113.

Aïn el-Hamedna.

Funéraires, signalées *Id.*, p. CXXXIII.

Hr. Sidi Belloul.

Funéraires. *Com.*, 1898, p. CXXIV; signalées 1900, p. CXXXIV.

Tleta Djouama.

1. Ex-voto à Neptune et à Saturne. *Com.*, 1900, *id.*
2. Funéraire, signalée *Id.*

Hr. Sidi Mchich.

Inscriptions, signalées *Id.*

Hr. Khima, au nord de Sidi Mouella.

Funéraires. *Id.*

Thugga Terebinthina (Hr. Dougga).

1. Texte assez endommagé. *Com.*, 1899, p. CXLIV.
2. Funéraire, signalée *Id.*, p. CXLIII.

Koubba de Sidi el-Assah.

Funéraire, signalée *Id.*, p. CXLIV.

Mididi (Hr. Meded).

1. Ex-voto à *Mars Patrius*. *Com.*, 1897, p. 387, n° 87; 1899, p. 232, n° 146.

2. Nouvelles lectures des deux fragments *b* et *c* du *C.I.L.*, 11775. *Com.*, 1899, p. 235, n° 162; *Antiq.*, 1898, p. 270.

3. Fragment. *Com., id.*, n° 163.

4. Funéraires. *Com.*, 1890, p. 231, n° 11; 1899, p. 232 à 234, n°ˢ 147 à 161; 1901, p. 113.

Près de MIDIDI.

1. (A 11 kilom. à l'est). Fragment d'inscription mentionnant Septime Sévère et Caracalla. *Com.*, 1901, p. 114.

2. (A 16 kilom. au sud). Funéraire d'une *sacerda*. *Id.*

Hr. Morégan (plaine de la Rohaïa).

Texte où il est question, semble-t-il, d'une *aedicula*. *Com.*, 1894, p. 257, n° 56; *Ann. Épigr.*, 1894, n° 11.

MACTARIS (Maktar et Ksar Bou Fatha).

I. Maktar.

1. *C.I.L.*, 11796 = *Com.*, 1889, p. 365.

2. Dédicace au *Genius vici*. *Antiq.*, 1895, p. 227, n° 1; *Com.*, 1897, p. 425, n° 179.

3. Colonne votive à *Liber*, commémorant la construction d'un édifice par le *Corpus fullonum*. *Com.*, 1893, p. 124.

4. Ex-voto à la *Mater Deum Magna Idaea*, élevé sous Probus à la suite d'un criobole et d'un taurobole. *Com.*, 1891, p. 529. Cf. *Antiq.*, 1892, p. 94.

4 bis. Ex-voto semblable sous Dioclétien et Maximien. *Com.*, 1897, p. 423, n° 178; *Mém. Antiq.*, 1895, p. 126.

5. Ex-voto à Neptune. *Com.*, 1894, p. 255, n° 51; 1897, p. 425, n° 178.

6. Fragment d'une dédicace à Saturne pour le salut de Septime Sévère. *Com.*, 1891, p. 536, n° 9.

7. Ex-voto à Vénus par un esclave des *socii* $\overline{IIII} \cdot P \cdot A$. *Com.*, 1900, p. CLII.

8.   V E N E R I   A V G   s a c.
PRO SALVTE ET INCOLV MITA te
IMP CAES L SEPTIMI SEVE
RI PII PERTINACIS
AVG P P ET
IM CAES M AVRELI ANTO (sic)
NINI AVG PRINCIPiS
▓▓▓▓▓▓▓▓▓▓▓▓▓▓▓▓▓▓▓▓▓▓▓▓
CESARIS ET IN liae
DOMnae MATRIS sen.
ET CASTR(r. et patriae
TERENTIA▓▓▓▓▓▓▓▓▓▓▓
SACERDOS▓▓▓▓▓▓▓▓▓▓
V   S   L   M

Com., 1900, p. CLIII.

L. 9. On voit seulement le bas du mot CESARIS (*sic*) qui a été martelé, et le haut des quatre lettres ET IV.

L. 10. MATRIS se distingue bien que la partie antérieure de la pierre ait été endommagée à droite en bas.

L. 12 à 14. Même remarque pour ASTR(, ENTIA, RDOS, SLM.

L. 12. Après TERENTIA, il semble qu'on discerne une lettre ronde, peut-être un S, puis la place de deux lettres usées, un R suivi d'un A. A titre d'indication, nous proposerions SpeRAta.

On a trouvé à *Ksar bou Fatha* l'épitaphe d'une *sacerdos Veneris* (*C.I.L.*, 680).

9. Texte mentionnant un *sacerdos* et un temple. *Antiq.*, 1895, p. 227-228, n° 2; *Com.*, 1897, p. 427, n° 185.

10. Fragments architravés portant une dédicace. *Com.*, 1891, p. 536, n° 8 (à rapprocher de *C. I. L.*, 625, 11819; *Com.*, 1889, p. 364; *C. I. L.*, 11821, 11822 = 11892 = *Com.*, 1891, p. 513, n° 21).

11. Fragments d'une inscription en l'honneur de Septime Sévère. *Com.*, 1897, p. 427, n° 182 (à rapprocher peut-être de *C. I. L.*, 623 = *Com.*, 1891, p. 511, n° 1).

II. Ksar Bou Fatha.

1. IMP CAESARI DIVI HADRIANI
    FIL·DIVI TRAIANI PARTHIC·N̄·
    DIVI NERVAE PRON·T·AELIO
    HADRIANO ANTONINO AVG
5   PIO PONT·MAX·TRIB·POT·X̄X̄Ī IMP ĪĪ
    CoS·IIII·PP·P!————ƆIECTVS PRAEF·LXII
    CIV.................IR..SECVN
    dum p ՕLLICITATIONEM ֊AI PECVNIA
    sVA POSVIT IDEMQ·DEDIC·D·D

Com., 1899, p. 201, n° 12.
L. 6. *P(ublius) I(unius, ulius) L(urius)* (?) *[A]d(l, j)ectus*.
L. 7. *Civ[itatum.....īīv]ir [q.q.]*. Il manque une dizaine de lettres.
L. 8. *[P]ollicitationem [su]am*.

2. Fragments d'une inscription impériale. *Id.*, n° 9.

3. Base honorifique à *Q. Cassius Agrianus Aelianus*, consul sans doute pendant la première moitié du III° siècle, *curator reip. col. Mactaritanorum Zamensium Regiorum. C. R. Acad.*, 1898, p. 275.

4. Funéraires. *Com.*, 1899, p. 201, n° 11; juin 1906, p. xxviii (un *sacerdos*).

Bit el-Hadjar.

Funéraire. *Id.*, p. 203, n° 19.

Hr. Halima.

Funéraires. *Com.*, 1894, p. 259, n° 60; 1899, p. 203, n° 20.

A 1,500 mètres au nord de Bit el-Hadjar.

Funéraires. *Com.*, 1899, p. 203, n°ˢ 21 et 22.

Aux environs de Maktar.

Funéraires. *Id.*, p. 201, n° 13; p. 202, n°ˢ 14 à 18.

TIGIMMA (**Hr. el-Hammam Zouakra**).

1. Fragment de base honorifique. *Com.*, 1890, p. 231, n° 12; 1899, p. 174, n° 1.
2. Funéraires. *Com.*, 1890, p. 231, n° 13; 1899, p. 174 et suiv.; p. 218, n° 88.

Hr. Attaïa.

1. Fragment. *Com.*, 1899, p. 200, n° 7.
2. Funéraire. *Id.*, n° 8.

Hr. Abd es-Salam.

1. Borne limite posée *ex auctoritate rationalium* par un *evocatus Augusti*. *Antiq.*, 1898, p. 114, n° 1.
2. Funéraire. *Com.*, 1901, p. 154.

Aïn Serrag.

Funéraire. *Com.*, 1902, p. CLXXIII.

CIVITAS A... (**Ksar Mdoudja**).

1. Dédicace d'une fontaine à Neptune. *Com.*, 1899, p. CLXX.
2. Inscription votive très usée. *Id.*
3. Fragments d'une dédicace à Septime Sévère. *Antiq.*, 1898, p. 266.
4. Fragments d'une dédicace impériale avec les noms du proconsul *Aristobulus* et de la *civitas A*..... *Com.*, 1899, p. CLXX et 204, n° 28; un des fragments est reproduit *Antiq.*, 1898, p. 266.
5. Dédicace impériale avec le nom du même proconsul. *Id.*, p. CLXX et 204, n° 27.
6. Fragments de plusieurs inscriptions impériales. *Com.*, 1899, p. 204, n°ˢ 29 et 30; 1901, p. 125.
7. Fragment. *Com.*, 1899, p. 204, n° 26.
8. Funéraires. *Com.*, 1890, p. 233, n° 19; 1899, p. 203, n°ˢ 23-24; p. 204, n° 25; p. 205, n°ˢ 31-32; 1901, p. 124 à 126.

Hr. Guennara.

Funéraires. *Com.*, 1890, p. 233 et suiv., n°ˢ 20 à 31; 1899, p. 213, n°ˢ 68 à 71 (le n° 68 = 1890, n° 20).

M(ANANGE)? (Hr. Faroha).

1. Dédicace à Caracalla, en 216, par la C. M. (*civitas* (?) *M*...). *Com.*, 1899, p. 218, n° 87; *Antiq.*, 1898, p. 269.
2. Fragment relatant la construction d'un *balneum*. *Com.*, id., p. 217, n° 85.
3. Funéraires. *Id.*, p. 216-217, n°ˢ 81 à 83 et 86.

UZAPPA (Ksour Abd el-Melek).

1. Dédicace d'un temple à *Liber Pater* par la cité d'*Uzappa*, entre 175 et 180. *Com.*, 1897, p. 434, n° 205; cf. *Antiq.*, 1896, p. 270; Tissot, *Géogr. comp.*, II, p. 575; sans doute aussi *Com.*, 1892, p. 491, n° 24.
2. *C. I. L.*, 11926 = *Antiq.*, 1898, p. 269.
3. Funéraires. *Com.*, 1890, p. 231, n° 14; 1899, p. 214 et 215, n°ˢ 73 à 77.

Zitounat et-Thobal.

C. I. L., 11982 = *Com.*, 1890, p. 232, n° 18; 1899, p. 216, n° 80.

Bou Maharez.

Funéraire. *Com.*, 1897, p. 435, n° 206.

Aïn Zouza.

1. Base au *divus Commodus*, frère de Septime Sévère. *Antiq.*, 1898, p. 269.
2. Dédicace à Caracalla, en 213. *Id.*, p. 270.
3. Funéraires. *Com.*, 1899, p. 215, n°ˢ 78 et 79.

Hr. Ghaïada

1. Dédicace d'un temple de la *dea Tellus*. *Com.*, 1897, p. 435, n° 207; 1899, p. 205, n° 33. Cf. *C. I. L.*, 11986.
2. Funéraires. *Com.*, 1899, p. 206 et suiv., n°ˢ 34 à 64, (n° 64 = *C. I. L.*, 11987).

Hr. Ksour Bahiri (2 kilom. au sud de Ksar el-Haddid).

Funéraire. *Id.*, p. 212, n° 65.

Vazi Sarra (Hr. Bez).

1. Ex-voto à Mercure pour le salut de Septime Sévère et de Caracalla. *Com.*, 1899, p. 220, n° 94.
2. Autre ex-voto à Mercure. *Id.*, n° 96.
3. Base honorifique à Septime Sévère, ses fils et sa femme par la *civitas Vazitana Sarara* (sic). *Antiq.*, 1898, p. 268.
4. En 212 (cf. *C. I. L.*, 12006), *C. Octavius Rogatus, flamen perpetuus, sacerdos Mercurii*, donne *arcum cum gradibus suis* et *statuam deo Mercurio ex aere in petra sedentem*, ainsi qu'une statue de Septime Sévère. *Com.*, 1899, p. 221, n° 97.
5. Base honorifique à *Q. Magnius Furianus* (rapprocher de *C. I. L.*, 12000), élevée par des *Antistii* (rapprocher de *C. I. L.*, 12003). *Id.*, p. 220, n° 95.
6. Funéraires. *Id.*, p. 218-219, n°ˢ 89 à 93.

Urusi (Hr. Soudga).

Funéraires. *Id.*, p. 222-223, n°ˢ 98 à 104.

Limisa (Lemsa).

1. Fragment d'ex-voto. *Id.*, p. cxliii.
2. Funéraire, signalée *Id.*

Chusira (Kessera).

Fragments. *Id.*, p. 223, n°ˢ 105-106.

Hr. Gammana.

Funéraires. *Id.*, p. 223-224, n°ˢ 107-108.

Hr. Deïmech.

Funéraire. *Id.*, p. 224, n° 109.

Hr. Djenoua.

Funéraire. *Id.*, n° 110.

Hr. Ksiba.

Funéraires. *Com.*, 1899, p. 224, n⁰ˢ 111 et 112.

Hr. Khima.

1. *C. I. L.*, 12140 = *Id.*, p. 227, n° 126.
2. Fragments. *Id.*, p. 226, n° 122; p. 227, n° 123.
3. Funéraires. *Id.*, p. 225-227, n⁰ˢ 113 à 121, 124-125.

Hr. el-Guerra.

Funéraire. *Com.*, 1890, p. 236, n° 32.

Hr. Segjeg.

Fragment où il est question d'un *flamen perpetuus*, d'un temple et d'un portique. *Antiq.*, 1898, p. 267; *Com.*, 1899, p. 214, n° 72.

Sidi Marched.

1. *C. I. L.*, 12209 = *Com.*, 1894, p. 258, n° 57.
2. Funéraires. *Com.*, 1890, p. 232, n⁰ˢ 15 à 17.

III

PROCONSULAIRE.

Aïn Fourna.

1. SATVRNO   aug.   sac.
pro salute imP CAES M AVRELI ANtonini aug.....
et l. aureli   VERI   AVG .....

C. I. L., 752. Haut. 0 m. 65 environ; long. 1 m. 30; lettres 2 : 0 m. 11; 3 : 0 m. 10.

2. Base honorifique à *Julia Augusta, Germanici filia. Com.*, 1899, p. 230, n° 139.

3. Base honorifique à *L. Virius Lupus*, consul ordinaire en 232, légat de Lycie. *C. R. Acad.*, 1904, p. 578 [1].

4.
```
      CASSIAE MANI
      LIAE FEMINAE
      PRIMARIAE AV
      IAE CASSVS MA
      NILIANVS CV
```

Inédit. Haut., 1 m. 03; larg., 0 m. 43; lettres, 0 m. 07.
L. 4. *Cass[i]us*. — L. 5. *C(larissimus) V(ir)*.

5. Funéraires. *Com.*, 1899, p. 229-230, n°ˢ 132 à 138.

Hr. Rommana.

Funéraires. *Com.*, 1891, p. 481; 1899, p. 227-228, n°ˢ 127-128.

Sidi Amara.

Funéraire, signalée *Com.*, 1898, p. cxxi.

Hr. Slah.

Funéraires. *Com.*, 1899, p. 228-229, n°ˢ 130-131.

Saradi (Hr. Seheli).

1. Base honorifique à Septime Sévère, en 196. *Antiq.*, 1898, p. 267.

2. Base honorifique à *P. Julius Gibba*, élevée par ses quatre fils dont l'un est *sacerdos Cerer(um)* c. *C. I. K. anni cxcviii. Id.*, p. 268.

---

[1] L'inscription est très usée; je l'ai copiée dans de très mauvaises conditions et n'ai pu l'étudier suffisamment. Il est certain qu'avec du temps et de la patience on arriverait à la déchiffrer beaucoup plus complètement que je ne l'ai fait, au milieu d'un orage et à la nuit tombante.

3. Base honorifique élevée par l'*ordo Saraditanus* à un personnage dont le nom est mutilé. *Antiq.*, 1898, p. 267.

4. Base honorifique à M. *Valerius Caelianus*, *curator reipublicae*, dédiée par l'*ordo Saraditanus*. *Com.*, 1899, p. 228.

Aïn Ghechil.

1. Ex-voto à *Frugifer* par un personnage qui est *adsertor publicus*. *Com.*, 1894, p. 261, n° 63; 1897, p. 369, n° 24.

2. Dédicace au divin Antonin. *Com.*, 1897, p. 370, n° 25; 1899, p. 231, n° 140.

3. Fragment. *Com.*, 1894, p. 260, n° 62.

4. Funéraire. *Id.*, n° 61.

Avioccala (Sidi Amara, Sidi Haouidat).

1. Dédicace à *Tellus*. *Com.*, 1897, p. 369, n° 21; 1899, p. 231, n° 141.

2. Base honorifique à l'empereur Commode, consacrée par la *civitas Avioccalensis* en 181. *C. R. Acad.*, 1898, p. 501; *Com.*, 1898, p. cxl, n° 1.

3. Fragment d'inscription impériale relative à la curie (??). *C. R. Acad.*, 1898, p. 505.

4. Base honorifique à *C. Arrius Calpurnius Longinus*, consul et *legatus Karthaginis*, dédiée par les *Avioccalenses*. *C. R. Acad.*, 1898, p. 502; *Com.*, 1898, p. cxl, n° 2; *Antiq.*, 1898, p. 224.

5. Base honorifique à *Seia Modesta Valeria* (?)... *Cornelia Patruina Publiana*, peut-être la femme du précédent, dédiée par la *civitas Avioccalensis*. *C. R. Acad.*, 1898, p. 504; *Com.*, 1898, p. cxli; *Antiq.*, 1898, p. 224.

Gales (Djebel Mansour).

1. Dédicace d'un temple à Mercure par la *civitas Galesis* avec noms de deux suffètes, du lapicide et de deux architectes. *C. R. Acad.*, 1904, p. 156.

2. Funéraires. *Com.*, 1900, p. 104 à 107. (L'une d'elles se rapporte à une *sacerdos magna*; elle est bilingue, latine et punique. *Com.*, 1900, p. 107; 1905, p. clx; Cl.-Ganneau, *Rec. d'arch. orient.*, VI, p. 379.)

Hr. Sidi Naoui.

1. Dédicace, en 196, d'un temple à la *Fortuna Redux*; l'édifice a été commencé par un citoyen en l'honneur de son flaminat perpétuel et terminé par son petit-fils, qui a enrichi le sanctuaire d'un *simulacrum auro recultum*. Com., 1893, p. 236, n° 101 (deux nouveaux fragments complétant le *C.I.L.*, 754 = 12218).

2. Fragments. *Id.*, p. 237, n°ˢ 102 (à rapprocher de *C.I.L.*, 755) et 103.

Hr. Khachoun.

Funéraire. *Id.*, n° 104.

Aïn Mouchnib.

Funéraire. *Id.*, n° 105.

Aïn es-Sif.

Funéraire. *Id.*, p. 238, n° 106.

Hr. el-Haouaria.

Funéraire. *Id.*, p. 224, n° 53.

Hr. Tellet Fouzar.

Funéraire. *Id.*, p. 225, n° 59.

Hr. el-Bordj.

Funéraire. *Id.*, p. 224, n° 56.

Hr. Abbeda.

1. Fragment de dédicace à Saturne. *Id.*, n° 55; Toutain, *De Saturni cultu*, p. 13.

2. Fragment d'inscription impériale. *Id.*, n° 54.

SEMTA (Hr. Dzemda).

1. Base honorifique à *Ulpia Saeverina*, femme de l'empereur Aurélien, dédiée par le *municipium Augustum Semta*. *Id.*, p. 222, n° 51.

2. Base honorifique au César Constance Chlore, élevée par les *Semtenses*. Com., 1893, p. 222, n° 50.

3. Base honorifique à Constantin, en 315, dédiée par un *curator reipublicae. Id.*, p. 223, n° 52.

Hr. Bent el-Bey (= Hr. Sliman).

1. Base honorifique à un centurion de la légion *VII* Gemina. *Id.*, p. 222, n° 48 = *C. I. L.*, 12232.

2. Autre texte qui paraît se rapporter au même personnage (?), avec mention d'un *saltus. Id.*, n° 49.

Sabzia (Hr. Sidi Abd el-Kerim et Mechta Cheikh Amar).

Deux fragments d'un même texte sans doute, avec dédicace aux empereurs de la tétrarchie et mention d'un proconsul dont le nom est mutilé. Il y est question aussi de *la respublica Sabziensium. Id.*, p. 220, n°ˢ 40 et 41; cf. Pallu de Lessert, *Fastes des prov. afr.*, II, p. 150.

Thibica (Hr. Bir Magra).

1. Ex-voto à un *Invictum Numen. Id.*, p. 233, n° 90.

2. Base honorifique à Constantin, dédiée en 308 par le *municipium Thibica. Id.*, n° 91.

3. Fragment. *Id.*, p. 234, n° 95.

4. Funéraires. *Id.*, p. 234. (Le n° 92 est élevé par un *miles stationarius*; le n° 93 est celui d'un *miles legionis III Augustae*.)

Apisa Majus (Hr. Tarf ech-Chena).

1. *C. I. L.*, 785 = *Id.*, p. 235, n° 96.

2. Inscriptions impériales, consacrées par le *municipium Apisense majus* ou *Apisensium majorum. Id.*, n°ˢ 98 et 99. (Le n° 98 est martelé.)

3. Fragment de linteau avec inscription impériale, dédicatoire d'un édifice bâti par *Helvius Tertullus* (cf. *C. I. L.*, 12231), flamine perpétuel et *curator reipublicae. Id.*, n° 97.

Région du Fahs.

Sur la voie ferrée de *Pont du Fahs* à *Gaffour* :
Au kilomètre 15.200. Funéraire. *Com.*, 1903, p. 555, n° 1.
Au kilomètre 18.500. Épitaphe de la fille d'un *saltuarius*. *Id.*, p. 555, n° 2.
Au kilomètre 24. Dédicace sous Valentinien, Valens et Gratien, *Paulus Constantius proconsul* et *Paulinus legatus almae Karthaginis*, d'un monument élevé par les soins d'un *curator reipublicae castelli Biracsaccarensium* (à rapprocher de C. I. L., 12286). *Id.*, p. ccvii et 557; *Rev. Tunis.*, 1904, p. 102; *Mélanges Boissier*, p. 210.
Funéraire. *Id.*, p. 558.
Au kilomètre 27. Funéraires. *Id.*, p. 560-561.
Au kilomètre 30. Funéraire d'un personnage *ex undecim primis, Bisicencis* (à rapprocher du *C. I. L.*, 12302). *C. R. Acad.*, 1904, p. 189.
Au kilomètre 34. Funéraires. *Com.*, 1903, p. 561-562.
Dédicace d'un petit sanctuaire à la Fortune. *Id.*, p. 562, n° 12.
Dédicace d'un temple à *Caelestis*. *Id.*, n° 13.
Dédicace d'un temple à Cérès. *Id.*, p. 563.

Civitas Suct... (Hr. Brighita).

1. Dédicace à *Caelestis*. *Com.*, 1899, p. 165.
2. *C. I. L.*, 12242 = *Com.*, mars 1906, p. xviii.

Aradi (Bou Arada).

1. Dédicace à une divinité avec noms de suffètes. *Com.*, 1899, p. cxlv et 163.

2. Inscription en l'honneur d'Hadrien, commémorant l'érection d'un temple, en 131, à l'occasion du flaminat perpétuel du donateur, un *sacerdos*. *Com.*, 1903, p. 559.

3. Inscription d'un arc de triomphe en l'honneur de Commode, en 184. *Com.*, 1899, p. 161.

4. Dédicace à l'empereur Honorius. *C. R. Acad.*, 1904, p. 189.

5. Fragment de la dédicace d'un édifice sous le proconsulat de *Julius Festus Hymetius* (366-367). *Com.*, mars 1906, p. xix.

6. Funéraires. *Com.*, 1899, p. 165; 1903, p. 559.

Bir Ben Ama.

C. I. L., 12299 = *Com.*, 1903, p. 196, n° 6.

Tlil Bou Eukka.

Funéraires. *Com.*, 1897, p. 400-401, n°s 121 à 124.

Hr. el-Abd.

Funéraires. *Com.*, 1894, p. 350-351, n°s 37 et 38. (Le n° 37 = *Com.*, 1892, p. 306, n° 26.)

Avitta Bibba (Hr. Bou Ftis).

Funéraire. *Com.*, 1897, p. 399, n° 119.

Bisica (Hr. Bijga).

1. *C. I. L.*, 12286 = *Com.*, 1903, p. 556; *Mélanges Boissier*, p. 212.

2. Inscription en l'honneur de Gallien, en 261. *Com.*, 1894, p. 274, n° 3 (nouveau fragment du *C. I. L.*, 12294).

3. Base honorifique à Arcadius, Honorius et Théodose sous le proconsulat de *Flavius Pionius Diotimus* (405 après J.-C.). *Antiq.*, 1894, p. 207.

4. Grande inscription mentionnant des travaux d'édilité accomplis dans la ville. *Com.*, 1892, p. 307, n° 29; 1894, p. 249, n° 40.

5. Funéraires. *Com.*, 1894, p. 250, n°s 41 et 42; p. 275, n° 4; p. 276, n° 5 (épitaphe d'un prêtre de *Caelestis*); p. 276, n° 6.

Sidi Bou Arara.

1. M O D I A E Q V I N T I A E   0,065
    Q M O D I F E L I C I S F I L·   0,05
    F L A M P E R P Q V A E O B   0,04
    H O N O R E M F L A M I N I C A T   0,035
5   S V P R A L E G I T I M A M I/X A
    T I O N E M A D I E C T A A M P L I V S
    P E C V N I A P O R T I C V M M A R
    M O R I B V S E T L A Q V E A R I B V S
    E T C O L V M N I S E X O R N A V I T
10   A Q V A E D V C T V M
    . . . . A
    ʋ I T O R D O · · · · · · · · · · · · S T A
    T V A M D E C R E V I T
                    D D P P   0,05

C. I. L., 12317. Haut., 1 mètre; larg., 0 m. 56. Base encastrée dans la forteresse byzantine.

L. 5. fin : T*a*XA. Sur le sens du mot *taxatio*, cf. *C. I. L.*, 12018.

L. 11. Le début de la ligne est très effacé; on distingue des lettres comme S(?)OI : peut-être *sordibus foedatum purg*A|*v*IT.

L. 12. Restituer *decurion(um)* ou *Bisicens(is)*.

2.   Q   C O R   0,06
            N E L I O   0,05
            *p*V D E N T I   0,04-0,035
            A M I C O
            HONESTI A
            N*imi e* TANT
            iqu { *ae*. . . . . .
                   { *i* . . . .

C. I. L., 12319. Haut., 1 mètre; larg., 0 m. 50. Base encastrée dans la forteresse byzantine.

Khanguet el-Bey.

1. Dédicace à *Mercurius Fatalis*. *Com.*, 1898, p. 176, n° 5.
2. Base honorifique à l'empereur Honorius. *Id.*, n° 4.
3. Funéraire, signalée *Id.*, n° 3.

Thabbora (Hr. Tambra).

1. Dédicace à Mercure. *C. R. Acad.*, 1904, p 183, n° 2.
2. Dédicace à Vénus. *Id.*, n° 3.
3. Base honorifique à l'empereur Hadrien, en 134. *Com.*, 1896, p. 296, n° 13.
4. Base honorifique à Constantin, élevée en 313 par le *municipium Felix Thabbora*. *C. R. Acad.*, 1904, p. 181, n° 1.
5. Fragments d'inscriptions monumentales. *Id.*, p. 183, n°^{s} 4 et 5; p. 184, n° 6 (dédicace impériale).
6. Funéraires. *Com.*, 1896, p. 297 et 298, n°^{s} 14 à 17; *C. R. Acad.*, 1904, p. 184 à 186, n°^{s} 7 à 10 (n° 8 = *Com.*, n° 14).

Hr. Merouana.

Funéraire. *Com.*, 1903, p. 191, n° 11.

Hr. Chetlou.

Borne marquant la limite entre l'*Africa vetus* et l'*Africa nova*, rétablie d'après l'ordre de Vespasien par *Rutilius Gallicus* et *Sentius Caecilianus* sur l'emplacement de la *fossa regia*. *Com.*, 1901, p. 414. Cf. *Hr. Souar*, p. 139 et *C. I. L.*, 14882 (cf. p. 193).

Hr. Esnakit.

Funéraire. *Com.*, 1903, p. 192, n° 12.

Hr. Kadour Ben Arfa.

Funéraire. *Id.*, p. 194, n° 18.

Hr. Zaïeta.

1. Dédicace à Silvain, sous le règne de Septime Sévère. *Com.*, 1903, p. 189, n° 5.
2. Funéraires. *Id.*, p. 189-191, n°ˢ 4, 6 à 10; 1896, p. 295, n° 12.

Hr. Zoubia.

1. Fragment avec le nom des *Thimisuenses*. *Com.*, 1896, p. 300.

2.
```
    N V S     P O S I I / S           0,05
    D V M   F O R M A M               0,045
   TIANAM PERP/IIIIVM SE              0,035
5  MINVM·⁊·COH·XIII VRB·INTE
   THABBORENSES·ET·THIMISV
```

Com. 1896, p. 300. Haut. 0 m. 47; long. 0 m. 60. Actuellement au contrôle civil de Teboursouk.

[*Ex auctoritate imp. Caes*........*termi*]*nus posit*[*u*]*s* [*secun*]*dum formam* [.....]*tianam per P.* [*Gel*]*lium Sep*[*ti*]*minum* ⁊ *coh*(*ortis*) [*Ati*]*lium*
xiii *urb*(*anae*) *inte*[*r*] *Thabborenses et Thimisu*[*enses*].

En 1896, lors de la première publication, l'inscription était plus complète à droite :

L. 2, on lisait l'V de *positus* et à la fin SIC = les trois premières lettres de *Sec*[*un*]*dum*.

L. 3, on a noté MAR, début de l'adjectif qualifiant *formam* : *Mar*[..]*tianam*.

L. 6, on voyait en entier THIMISVENSES.

Des centurions étaient assez souvent employés à des délimitations du genre de celle qui est rappelée dans notre texte. Cf. *C. I. L.*, III, 9864 *a*, 9973, 12794, etc. — La xiii⁰ cohorte urbaine est restée en Afrique de Vespasien au début du ii⁰ siècle (Cagnat, *Armée romaine d'Afrique*, p. 263-264); peut-être le nom de l'em perçur qui a disparu était-il celui de Vespasien, cf. *Hr. Souar*, p. 139 et *Hr. Chetlou*, p. 164; ou de Titus, cf. *C. I. L.*, 22060.

Hr. Meskine.

Funéraires. *Com.*, 1896, p. 294, n°s 7 et 8.

Hr. Abd es-Semed.

Funéraire. *Id.*, p. 294, n° 6.

THIMISUA (Hr. Tazma).

1. Fragments. *Id.*, p. 293, n° 4.
2. Funéraire. *Id.*, n° 5.

Ghorfa des Ouled Slama. Aïn et-Toum. Hr. Ben Abdallah.

Funéraires, signalées *Com.*, 1898, p. cxxii.

Hr. Embarek Ben Sla.

Fragment d'impériale, signalé *Id.*

Marabout de Sidi Abdallah.

Funéraire. *Com.*, 1896, p. 295, n° 10.

Hr. Oued el-Klegh.

Funéraire. *Id.*, n° 11.

GENS BACCHUIANA (Bou Djelida).

1. Dédicace à Saturne sous Antonin le Pieux. *Com.*, 1903, p. 195, n° 2. — Cf. *C. I. L.*, 12331.
2. Ex-voto à Mithra (?) en l'honneur d'Aurélien. *Com.*, 1892, p. 156, n° 2.
3. *C. I. L.*, 12333 = *Id.*, n° 4.
4. *C. I. L.*, 12334 = *Id.*, n° 3.
5. Funéraires. *Id.*, n° 5; 1903, p. 195, n°s 1 et 3; p. 196, n°s 4 et 5.

Région du Goubellat.

Funéraire. *Com.*, décembre 1906, p. xiii.

Près de Sidi Sahbi.

1. Dédicace aux Cérès par un affranchi. *Com.*, 1902, p. CLXXVII.
2. Fragment de dédicace à Julia Domna (?). *Id.*
3. Funéraire. *Id.*, p. 440.

Hr. Zitounat.

Épitaphe d'un enfant. *Id.*

Bir Gram.

Funéraire. *Id.*

SULULOS (Bir el-Heuch, Bir Abadlia).

Inscription double : base honorifique où il est question des colons d'un *fundus. . isensis* et de la *civitas Sululitana*; — dédicace à l'empereur Gratien par le *municipium Sululos*. *Id.*, p. 435-437.

Bir Douaïk.

1. Dédicace à Sévère Alexandre. *Com.*, 1901, p. CCIV.
2. Funéraires. *Id.*, p. CCIII et CCIV.

Mechta el-Haouam.

Ex-voto à Mercure sous Marc Aurèle et Verus. *Com.*, 1897, p. 398, n° 118.

Hr. Sidi Barka.

Funéraire. *Com.*, 1900, p. 104, n° 40.

CIVITAS . . . . . IANA (Hr. el-Halouani).

1. Base honorifique dédiée à l'empereur Hadrien par la *civitas . . . . . iana*. *Com.*, 1893, p. 229, n° 78.

2.
    a.   *b.*   *c.*
pro SALV te et INCOLVMITATE D D.N N IMPP CONS/
PARTEM R EMPVBLICAM PREROGANTE PARTEM VERO O/

Com., 1901, p. ccv; en outre *b : Com.*, 1893, p. 229, n° 77; *c* : n° 76.

L'inscription, incomplète à droite, se rapporte à un groupe d'empereurs de la première moitié du iv° siècle.

Abbir Cella (Hr. en-Naam).

1. Fragment d'inscription en l'honneur de Sévère Alexandre et sa mère. *Com.*, 1893, p. 213, n° 24.
2. Base honorifique à *C. Attius Alcimus Felicianus* (réplique partielle de *C. I. L.*, 822 = 12345). *Id.*, p. 214, n° 25.
3. Funéraires. *Id.*, p. 215, n°ˢ 26 et 27.

Hr. Snobbeur.

1. Règlement de pacage, daté de l'année 186 après J.-C. *Id.*, p. 231, n° 84; *Ann. Épigr.*, 1894, n° 61; *Com.*, 1901, p. 416; *Festschr. für O. Hirschfeld* (1903), p. 171.
2. Fragments. *Com.*, 1893, p. 232.
3. Funéraire. *Id.*, p. 233, n° 89.

Hr. Sguigga = Hr. Zgueb.

Funéraires. *Id.*, p. 230-231, n°ˢ 79 à 83 (n° 79 = 1903, p. 197, n° 8; n° 80 = *id.*, n° 7).

Hr. Fraxine = Hr. Bou Cha.

1. Fragment d'inscription impériale. *Id.*, p. 211, n° 14.
2. *C. I. L.*, 822 et 12345 = *Id.*, p. 209, n° 11.
3. *C. I. L.*, 823 et 12346 = *Id.*, p. 208, n° 10.
4. *C. I. L.*, 828 et 12347 = *Id.*, p. 209, n° 12.
5. Inscription analogue à la précédente. *Id.*, p. 210, n° 13.
6. Partie inférieure d'une base honorifique. *Id.*, p. 211, n° 15.
7. Fragments. *Id.*, n° 16.
8. Funéraires. *Id.*, n°ˢ 17, 18.

Thagari Majus. (Aïn Tlit = Hr. Tell el-Caïd).

1. Base honorifique à Claude le Gothique, élevée en 269 par le *municipium Thagaritanum Majus*. *Id.*, p. 216, n° 28.

2. Base honorifique à Valens, élevée par un flamine perpétuel, curator reipublicae (cf. *C.I.L.*, 12360). *Com.*, 1893, p. 216, n° 29.
3. *C.I.L.*, 12360 = *Id.*, p. 217, note 1.
4. Fragments. *Id.*, n°ˢ 30 et 31.

Hr. Saraïa.

Fragment avec mention d'un proconsul. *Id.*, n° 32.

Sidi Bou Hamida.

1. Fragment d'une *lex agraria*. *Id.*, p. 219, n° 38.
2. Funéraire. *Id.*, n° 39.

Thuburbo Majus (Hr. Kasbat).

1. Dédicace à Hercule. *Com.*, 1894, p. 355, n° 55.
2. *C.I.L.*, 844 = *Id.*, p. 355, n° 57.

3. pro salute imp. caes. divi M. Antonini Pii Germ. Sarm.
....

```
             a.                         b.
 fil. divi Pii nep. | DIVI HADRIA | NI PRONEP  D | ivi Traja
 .......fl. p.     | PHERES EIVS MAIORE OPERE EX | struxit et

             c.           d.                       e.
 NI PART | ABNEP | D IVI NERVAE ADNEPOT MAV RE | li
 C ONFECTO AM | PLIATA pecu NIA OMNICVLT V | de

             f.                 g.
 Commo | DIANTONINI | PII FELICIS AVG SARM | atici
 dica (?) | VIT MARMORIB | us PEREGRINIS ET | .....

             h.               i.
 max. Germanici | MAX BRITTANI | ci max. PP.
 ............  | S EXORNATV    | m (?) CVM TITVL
```

a, b. *C.I.L.*, 12363, *a*; *Com.*, 1893, p. 218, n° 33, *a*.

c. *Com.*, 1893, p. 218, n° 33, b.
d. *Id.*, c; *C. I. L.*, 846.
e. *Id.*, d.
f. *Id.*, d.
g. *Id.*, e.
h, i. *Id.*, 1894, p. 355, n° 56.
Inscription à Commode, entre 185 et 192.

d, g. Il n'est point indiqué que les noms et titres de l'empereur aient été martelés puis regravés, mais, par analogie, c'est chose vraisemblable; nous n'avons pu retrouver ces fragments. — Le morceau c, tel que nous l'avons revu, est diminué à gauche des lettres $^{NI}_{C}$.

Dans la restitution que nous avons proposée, nous n'avons pu faire entrer le n° du *C. I. L.*, 12363, b, ainsi décrit :

███████ LIQ
SIS ████IBVS

L. 2 Peut-être . . . *sis* [*omn*]*ibus*.

4. *C. I. L.*, 12368 = *Com.*, 1893, p. 219, n° 37.
5. *C. I. L.*, 12369 = *Id.*, p. 218, n° 34.
6. Fragments d'inscriptions. *Id.*, n° 35; p. 219, n° 36; *Com.*, 1894, p. 355, n°ˢ 58 à 60.
7. Inscriptions d'un mausolée; mention d'un [*miles?*] *leg.* III *Gallicae, missus ex signifero*. *Com.*, 1894, p. 356, n° 61.

GIUFI (Bir M'cherga et Hr. Khamissa).

1. Ex-voto à Mercure. *Com.*, 1893, p. 207, n° 7.
2. Dédicace à Mercure pour le salut de Sévère Alexandre, en 233. *Com.*, 1891, p. 194, n° 2; 1893, p. 205, n° 4; *Rev. de Philol.*, 1894, p. 171.
3. Base honorifique à Caracalla, élevée en 199 par la *civitas Giufitana*. *Com.*, 1893, p. 207, n° 6.
4. Base honorifique à Sévère Alexandre, dédiée du 10 au 31 décembre 228 par la *civitas Giufitana*. *Id.*, p. 206, n° 5.
5. (Aux environs.) Dédicace à Constance César (entre 323 et 337). *Com.*, février 1906, p. XVII.

6. Base honorifique à la fille d'un de leurs patrons par les *municipes municipii Aureli Alexandriani Augusti Magni Giufitani*. *Com.*, 1893, p. 204, n° 3.

7. Dédicace d'une colonne munie de son chapiteau (*caput*) et de sa base (*spira*, cf. *C.I.L.*, 15497). *Com.*, 1902, p. 441.

8. Fragment. *Com.*, 1893, p. 204, n° 2.

9. Funéraire. *Id.*, p. 207, n° 8.

Smindja.

Fragment. *Com.*, février 1906, p. xvi.

Au pied du Djebel Oust.

1. Dédicace de deux *vestigia* par des *sacrati*. *Com.*, 1893, p. 190, n° 10; *Mél. Rome*, 1893, p. 426, n° 3.

2. Fragment d'ex-voto. *Mél. Rome*, id., n° 2.

SUTUNURCA (Rdir es-Soltane, Aïn el-Asker).

1. Base honorifique à L. Aelius Aurelius César, dédiée en 143 par un citoyen de Sutunurca, flamine perpétuel. *Com.*, 1895, p. 325; 1897, p. 368, n° 19.

2. Base honorifique à Septime Sévère, élevée en 195 par la *civitas Sutunurcensis*. *Com.*, 1893, p. 203, n° 1.

3. Fragments. *Com.*, 1894, p. 246, n° 38.

Bordj Mrira, près La Mohammedia.

Ex-voto à Saturne. *Id.*, p. 251, n° 43; 1897, p. 366, n° 16.

Djebel Djelloud, près Tunis.

1. Dédicace à Mercure(?). *Com.*, 1905, p. cxcviii.

2. (Trouvé à Tunis, cimetière de Sidi ben Hassen.) Ex-voto à Saturne par un prêtre du dieu. *Antiq.*, 1900, p. 133 [1].

3. Funéraires. *Id.*, 1900, p. 109-110, n°s 50-52; 1905, p. cxcii; *Rev. Tunis.*, 1905, p. 474 et 475.

---

[1] L'inscription est donnée comme provenant sans doute originairement du *Bou Kournein*; il est plus probable qu'elle avait été dédiée dans le sanctuaire de Saturne au *Djebel Djelloud*, découvert depuis tout près du cimetière où elle a été relevée. Cf. *Bull. Soc. Arch. Sousse*, 1905, p. 194, n° 19.

Uthina (Oudna) [1].

1. Dédicace à Saturne par un prêtre. *Com.*, 1897, p. 363, n° 2; *Antiq.*, 1897, p. 205, n° 1.

2. Fragment de plaque de marbre avec dédicace à P. Licinius Cornelius Saloninus César par la colonie d'*Uthina*. *Antiq.*, 1896, p. 339; *Com.*, 1897, p. 362, n° 1; Gauckler, *Domaine des Laberii*, p. 37.

3. Base honorifique à *C. Egnatius Cosminus Vinicianus*, fils d'un flamine perpétuel, *equo publico adlectus* par Hadrien, élevée par les *curiae universae*. *C. R. Acad.*, 1897, p. 725.

4.
```
      EGNATIAE · C · FILIAE
         HONORATAe
      Q· CASSI · FRONTONis
      IVSTIANI · FL P · VXORI
         D · D          P · P
```

Id., p. 175; *Com.*, 1897, p. 363, n° 3; *Antiq.*, 1897, p. 205, n° 2. C'est une parente du précédent.

5. Fragment de plaque de marbre avec une inscription honorifique. *Com.*, 1894, p. 251, n° 44.

6. Partie droite d'une inscription. *Cosmos*, 1891, p. 376.

7. Inscriptions sur mosaïques. L'une d'elles mentionne les *praedia Laberiorum*; les autres sont des signatures d'artistes, des noms de chiens ou d'esclaves. *Com.*, 1897, p. 365-366, n°s 10 à 15; Gauckler, *Domaine des Laberii*, p. 7 et 8, note 3, p. 32 et pl. XXIII, et p. 45.

8. Fragments. *Com.*, 1897, p. 364-365, n°s 5 à 9.

Hr. Alaouin, près d'Oudna.

Inscription votive trilingue dédiée par un médecin. *Com.*, 1899, p. CXXXVI; *C. R. Acad.*, 1899, p. 53.

---

[1] Cf. *Rec. Constantine*, 1903, p. 53 et suiv.

Sur la margelle du **Bir Bou Lartal** près d'**Oudna**.

Inscription impériale martelée. *Com.*, 1891, p. 193, n° 1.

Pagus Mercurialis Veteranorum Medelitanorum
(Bou Rebia).

C. I. L., 884, cf. p. 927 = *Com.*, 1897, p. 367, n° 17.

Sanctuaire de Saturnus Balcaranensis
(Djebel Bou Kournein).

1. Ex-voto. *Mél. Rome*, 1892, p. 19 et suiv.; *Com.*, 1894, p. 232, n°s 2 à 5; 1899, p. cxlvi; 1902, p. 443; *Antiq.*, 1893, p. 82; 1904, p. 333.
2. Ex-voto à *Saturnus Neapolitanus* par un prêtre. *Antiq.*, 1893, p. 82; *Com.*, 1894, p. 231, n° 1; Toutain, *De Saturni cultu*, p. 15.

Gumi? (Bordj Cedria).

Dédicace à Saturne par un prêtre. *Com.*, 1893, p. 185; Toutain, *De Saturni cultu*, p. 15.

Entre Soliman et Menzel Bou Zelfa.

Funéraire. *C. R. Acad. Hippone*, 1891, p. xviii.

Kourchine.

Inscription. *Bull. Soc. Arch. Sousse*, 1904, p. 98.

Djebel Gattouna au-dessus de Fondouk Djedid.

Dédicace à Saturne. *Id.*, p. 34.

Entre Fondouk Djedid et Soliman.

Fragment de dédicace impériale. *Id.*

Jemajeur.

1. Dédicace à Cérès (?), par un *sacerdos*. *Com.*, juillet 1906, p. xix; *Rev. Tunis.*, 1906, p. 548.

2. Funéraire. *Com.*, juin 1906, p. xxx; *Rev. Tunis.*, 1906, p. 547.

Neferis et Vicinia.

(Khanguet el-Hadjaj, Oued Kitan et Ben Aiech).

1. Ex-voto à Adon pour le salut de Septime Sévère, Caracalla et Julia Domna. *C. R. Acad.*, 1904, p. 555.
2. Dédicace à Saturne où il est question d'un *vestigium*. *Com.*, 1899, p. ccxvi (à rapprocher du *C. I. L.*, 12400).
3. Ex-voto à Saturne par un prêtre qui « *intravit sub jugu* ». *Antiq.*, 1905, p. 215; *Rev. Tunis.*, 1905, p. 473.
4. Dédicaces à Saturne. Toutain, *De Saturni cultu*, p. 14 (une par un prêtre).
5. Ex-voto au *Dominus Sobaresis* par un prêtre. *Id.*
6. *C. I. L.*, 12400 = *Antiq.*, 1889, p. 231.
7. Inscription concernant la construction d'un *macellum*. *Com.*, 1894, p. 232, n° 6.
8. Funéraires. *C. R. Acad.*, 1904, p. 555 et 556.

Bir el-Hadj Ahmed.

Dédicace à Constance Chlore César. *Com.*, juin 1906, p. xxxi; *Rev. Tunis.*, 1906, p. 545.

Bordj Gobet el-Gheffari.

Funéraire. *Rev. Tunis.*, 1906, p. 548; *Com.*, juin 1906, p. xxxi.

Civitas Furce . . . . . ? (Hr. Ben Hassen).

1. Fragments de texte avec le nom du proconsul . . . . . *Polibius*. *Com.*, 1892, p. 382, n° 2; 1902, p. 430.
2. Restaurations à un édifice, peut-être la curie, sous le règne de Théodose et d'Arcadius et le proconsulat de *Ti. Julius Primus*; mention d'un personnage, flamine perpétuel, *excuratore civitatis Furce*[. . . . .]. *Com.*, 1902, p. 432.
3. Fragment d'une inscription monumentale. *Id.*, p. 430.

Tubernuc (Hr. Tebornok).

Ex-voto. *Com.*, 1894, p. 296 à 300.

Gor (Hr. Dra el-Gamra).

C. I. L., 12422 = *Com.*, 1893, p. 213, n° 23.

Aïn Safsaf.

Fragments. *Com.*, 1891, p. 194, n°ˢ 3 et 4.

Zaghouan.

1. Fragment avec les noms de Jupiter et Minerve. *Cosmos*, 1891, p. 376.
2. Dédicace à Saturne. *Com.*, 1904, p. 481, n° 24.
3. Ex-voto. *Id.*, p. 478 et suiv.
4. *C. I. L.*, 12426 = *Com.*, janvier 1906, p. xxi.
5. Épigraphe à un bas-relief représentant Héro et Léandre. *Mém. Antiq.*, 1902, p. 180-181, pl. IV; *Ann. Épigr.*, 1905, n° 17; *Rev. Tunis.*, 1905, p. 264.
6. Funéraire. *Com.*, 1894, p. 357, n° 63.

Hr. el-Krenndegg.

Funéraire. *Com.*, 1893, p. 220, n° 42.

Zaouïa Sidi Medine el-Ala.

1. *C. I. L.*, 12433 = *Id.*, p. 221, n° 44.
2. *C. I. L.*, 12434 = *Id.*, n° 43.
3. Ex-voto à Saturne. *Id.*, n° 45; Toutain, *De Saturni cultu*, p. 12.
4. Fragment d'inscription en l'honneur de l'empereur Commode, dédiée en 182. *Id.*, n° 46.
5. Fragment. *Id.*, n° 47.

Bir Chana.

Dédicace à un *egregius vir*, père d'un *clarissimae memoriae vir, sacerdos Urbis Romae aeternae, flamen perpetuus*. *Id.*, p. 189, n° 4; *Ann. Épigr.*, 1894, n° 47; cf. *Catal. Musée Alaoui*, p. 94, n° 439.

Hr. Aïn el-Djour.

Ex-voto. *Com.*, 1893, p. 213, n° 22.

Ksar Soudan (Sainte-Marie-du-Zit).

Funéraire. *Antiq.*, 1906, p. 192.

Sidi Ahmed Djedidi.

1. Pour le salut de Gallien et de Salonine, construction d'un édifice en l'honneur des Cérès. *Com.*, 1901, p. 145.
2. Fragment d'inscription impériale. *Bull. Soc. Arch. Sousse*, 1904, p. 32.

Bir Bou Rekba.

Fragment d'inscription en l'honneur de Caracalla et de Julia Domna. *Bull. Soc. Arch. Sousse*, 1904, p. 30.

Ksar Menara.

Épitaphe. *Com.*, 1901, p. 147.

Siagu (Ksar es-Zit).

Fragment qui paraît relatif à des thermes. *Com.*, 1899, p. CLXXX.

Pupput (Souk el-Abiod).

1. Base honorifique à Caracalla dédiée, après la fin de 213, par la *colonia Aurelia Commoda Pia Felix Augusta Pupput*. *Com.* 1899, p. CC.
2. Base honorifique à Licinius le Père, élevée par la même colonie. *Id.*, p. CLXXIX; *C. R. Acad.*, 1899, p. 366.
3. Base honorifique au jurisconsulte *L. Octavius Cornelius Salvius Julianus Aemilianus*, proconsul d'Afrique, — *cui divos Hadrianus soli salarium quaesturae duplicavit propter insignem doctrinam*, — avec le *cursus* de ce personnage. *Id.*, p. CLXXIX; *C. R. Acad.*, 1899, p. 368; cf. *Antiq.*, 1901, p. 104; *Zeitschr. für Rechtsgesch., röm. Abteil.*, 1902, p. 54 = Mommsen, *Juristische Schriften*, II, p. 1.

4. Base honorifique à *Caelius Severus Thoracius, patricius, consularis, curator rei publicae,* qui a restauré le Capitole, la Curie et le Forum, dédiée le 24 mai 282. — **Ligne 5,** lire : CAELIO SEVERO V·C PATRICIO. La date sur le côté est à la 1ʳᵉ ligne : DEDICATA VIIII KAL IVNIAS. *Antiq.* 1893, p. 220; *Com.*, 1894, p. 252, n° 46; 1899, p. cxc; *C. R. Acad.*, 1899, p. 367, note 1.

5. « *Proprietas* ». *Com.*, 1899, p. clxxviii.

6. Fragment avec *curator rei publicae. Id.*, p. cci.

Curubis (Kourba).

1. *C.I.L.*, 12452 = *Com.*, 1894, p. 338, n° 5; 1902, p. cliii, n° 12.

2. *C.I.L.*, 12453 = *Id.*, p. 339, n° 6.

3. Deux légats propréteurs, lieutenants de Pompée, font bâtir des murs, tours, poternes et creuser un fossé, en 49 avant J.-C.; mention du *praefectus* commandant la place = *C.I.L.*, 979. *Id.*, n° 7; *C. R. Acad.*, 1895, p. 31; *Hermès*, 1895, p. 456.

Beni Aïchoum.

Fragments. *Rev. Tunis.*, 1906, p. 545.

Hr. el-Goléa.

Fragments. *Com.*, 1894, p. 337, n°ˢ 1 et 2.

Hr. el-Dalia.

Base à Marc-Aurèle en 167. *Id.*, n° 3.

Hr. Mesguida.

Sous Honorius et Théodose, un *flamen perpetuus* relève les statues de ses ancêtres. *Id.*, p. 338, n° 4.

Kourbeus.

Funéraire. *Id.*, p. 233, n° 8.

Maxula (Radès).

1. Fragment de la dédicace du Capitole avec le nom de *Maxula*.
2. Base de balustrade avec des marques d'assemblage et des lettres grecques.

Signalés *Compte Rendu de la marche du Service en 1903*, p. 22.

Entre Radès et La Goulette, saline La Princesse.

1. Tarif de passage d'un bac. *C. R. Acad.*, 1906, p. 118.
2. Marque de carrière. *Rev. Tunis.*, 1906, p. 123; *Antiq.*, 1906, p. 264.

Île de Zembra.

Épitaphe d'un personnage *defunctus Caesarea*. *Antiq.*, 1898, p. 292; *Rev. Tunis.*, 1899, p. 449.

Carthago (Carthage).

Voir ce qui a été dit à la préface, p. 126.

La Soukra, près Carthage.

Ex-voto à *Saturnus Palmensis Aquensis*. *Antiq.*, 1896, p. 188; *Com.*, 1897, p. 446, n° 271.

Tunes (Tunis).

1. *C. I. L.*, 14277 = *Rev. Tunis.*, 1906, p. 546.
2. Funéraires. *Com.*, 1894, p. 234, n° 11; 1897, p. 437, n° 210.

El-Mahrine, près Tebourba.

Borne limite entre deux propriétés. *Com.*, 1904, p. cxci.

Aïn Djal.

Inscription mentionnant le proconsul d'Afrique C. Aelius Pompeius Porfyrius Proculus, signalée dans le *Rapport n° 1952 sur le budget de l'Instruction publique pour 1905*, p. 186.

Bordj Touta.

1. Base honorifique à *M. Caecilius Aemilianus, leg. pr. pr. provinciae Africae. Com.*, 1898, p. 174.
2. Fragment de base honorifique. *Com.*, 1901, p. clxxxviii.

Thubba (Schuiggui, Hr. Tobba)[1].

1. Base honorifique à un *flamen perpetuus coloniae Juliae Aeliae* [*Thubbae?*]. *Com.*, 1899, p. ccxvii; 1902, p. clxxviii.
2. Fragment. *Com.*, 1899, p. ccxviii.

Hr. Bir Essefir.

Funéraire. *Com.*, 1894, p. 243, n° 29.

Utica (Utique).

1. Dédicace aux Cérès par un *augustalis* (?). *Antiq.*, 1902, p. 240, n° 1.
2. Fragment de dédicace impériale. *Id.*, 1905, p. 263, n° 1.
3. Base honorifique élevée par la *civitas Thubbensium* à un personnage *in quinque decurias adlectus, aedilis, iivir, flamen perpetuus, sacerdos provinciae Africae*. *Com.*, juin 1906, p. xxiii.
4. Base honorifique élevée à *L. Calpurnius Fidus Aemilianus Crementius, quaestor Cretae et Cyrenaicae*. *Com.*, 1904, p. clxxxvii.
5. Autre fragment de base avec *Crementi*. *Id.*
6. Fragment de base. *Antiq.*, 1905, p. 263, n° 2.
7. Fragment de plaque mentionnant un *duumvir* et des thermes. *C. R. Acad.*, 1906, p. 63.
8. Lettres sur un cadran solaire. *Antiq.*, 1905, p. 262.
9. Funéraires. *Com.*, 1894, p. 235, n° 4 et p. 236; 1897, p. 447, n°s 272-273; 1903, p. 262; *C. R. Acad. Hippone*, 1899, p. xvi; *Antiq.*, 1896, p. 324-325; 1902, p. 241 et suiv., n°s 2 à 11.

Près de Bordj Haouida.

« *Trimodiam quamdam* ». *Com.*, juin 1906, p. xxii.

---

[1] Cf. *Com.*, 1890, p. 229-230; juin 1906, p. xxiii.

Porto Farina.

Funéraire. *Com.*, 1894, p. 237, n° 18; *C. R. Acad. Hippone*, 1894, p. xxxvii.

Uzalis (El-Alia).

1. Dédicace à la Fortune par un personnage, *omnibus honoribus functus*, à cause de son flaminat perpétuel. *Antiq.*, 1893, p. 243; *Com.*, 1894, p. 237, n° 19.
2. Fragment. *Com.*, id., p. 238, n° 20.

A 16 kilomètres de Bizerte sur la route de Tunis.

Fragment de dédicace à Septime Sévère. *Com.*, juillet 1906, p. xviii.

Hippo Diarrhytus (Bizerte).

1. Dédicace au Génie de la *colonia Julia Hippo Diarrhytus* par les *coloni coloniae Juliae Carpitanae consanguineae*... *Com.*, 1894, p. 240, n° 23; *Rev. Tunis.*, 1904, p. 196, n. 1 = *C.I.L.*, 1206, 14333.
2. Fragments d'une inscription en l'honneur de Septime Sévère. *Com.*, 1890, p. 227, n°ˢ 1, 2.
3. Fragments d'inscriptions honorifiques. *Id.*, n° 3; *Revue Épigraph.*, 1905, n° 117, p. 160.
4. Fragments. *Id.*, p. 228, n°ˢ 4, 5, 6.
5. *Tessera paganica* mentionnant un *pagus Minervius* et le nom d'un *magister* de ce *pagus*. *C. R. Acad.*, 1893, p. 319; *Antiq.*, 1893, p. 242, cf. p. 191; *C. R. Acad. Hippone*, 1893, p. xix et p. xli; *Com.*, 1894, p. 239.

Sidi Abdallah.

1. Inscription sur mosaïque mentionnant des chevaux.
2. Inscription sur mosaïque mentionnant un *fundus Bassianus*, *cognomine Baiae*.

Signalées *Compte Rendu de la marche du Service en 1902*, p. 15; *Antiq.*, 1902, p. 286.

Tisitha (Béchateur).

1. *C.I.L.*, 14334 = *Com.*, 1903, p. ccxii.
2. Fragment avec le nom de *Tisitha;* il y est probablement question de *aenea publica pondera. Id.*

Environs de Mateur.

Funéraire. *Com.*, 1894, p. 243, n° 30.

Hr. el-Arous.

Reconstruction d'un édifice. *Antiq.*, 1898, p. 334, n° 1.

Hr. Techga.

1. Épitaphe d'un *miles cohortis* VI *praetoriae, stationarius ripae Uticensis. Com.*, 1898, p. cli; *Antiq.*, 1898, p. 334, n° 3.
2. Funéraires. *Antiq., id.*, p. 334 et suiv., n°^{s} 2, 4 à 7.

Hr. Djemal.

Funéraires. *Antiq.*, 1898, p. 336, n°^{s} 8 et 9.

Douar des Larmahl.

Funéraire d'un vétéran de la légion III^a *Augusta. Com.*, 1894, p. 242, n° 26.

Hr. Behaïa.

1.
```
       P L V T O N I  A V ^     0,04
           S A C R V M           0,035
       L·CAECILVS DEXTER         0,03
       IOVIANVS VETERAN
   5   EX DECVRIONE              0,02
       ARAM EX vOTO DEDit
       IDEMQVE dediCavit
```

Inédit. Haut., 0 m. 60 (enterrée en bas); larg., 0 m. 44. — L. 4. Les quatre premières lettres sont incertaines.

2. *Com.*, 1891, p. 196, n° 8. D'après la photographie, on voit qu'il faut lire, lignes 2 et 3 :

vale NTINIANO ET THEVD *osio*
... O PROC PA CVM LEG S\ o...
Proc(onsule) P(rovinciae) A(fricae) cum leg(ato)...

Aux autres lignes, le déchiffrement reste insuffisant.

3. *C.I.L.*, 14341 = *Com.*, 1891, p. 195, n° 7.

4. Inscription mentionnant un *servus Augusti nostri*. *Id.*, p. 196, n° 10.

5. Fragments. *Id.*, n°s 9 et 11.

Sidi Bou Teffaha (sur la rive gauche de l'Oued Tine).

Funéraire. *Com.*, 1897, p. 389, n° 90.

Sidi Atmen el-Hadid.

Funéraire. *Com.*, 1891, p. 195, n° 5.

Chaouat.

1. Dédicace à Septime Sévère. *Id.*, p. 197, n° 13.

2. Sous le règne de Gordien III, un flamine perpétuel élève un *templum Victoriarum... cum statuis Victoriarum tribus achroritis Aug. n.*; il donne un repas aux *curiae*. *C. R. Acad.*, 1895, p. 71; *Rev. Tunis.*, 1895, p. 229.

3. Base en l'honneur de *M. Plotius Verus*. *Com.*, 1891, p. 196, n° 12; 1894, p. 243, n° 31.

4.   I░░░ΓI░T░░░
     C.░░░░░░░░░░I
     RIO░░░░░░░░░
     ░░░C░░I░░░░
     PATRIAE SVAECONTVLIT ET
     SIMPLICE IN PATRIA ET MVNI
     CIPES SVOS AMOREMPAETIVS
     VICTOR FP IIVIR FILIVS EIVS MARP

Com., 1891, p. 197, n° 14; *C. R. Acad.*, 1895, p. 68; *Rev. Tunis.*, 1895, p. 227.

Dernière ligne, fin, lire MATRI P(*osuit*).

Chiniava Peregrina (Hr. Guennba).

Base honorifique à M. *Julius Probatus Sabinianus, Carthag., omnib. honoribus in patria sua functus*, par l'*ordo Chiniavensium Peregrinorum*. *Com.*, 1891, p. 197, n° 15.

Hr. Trilah.

Fragment. *Id.*, p. 198, n° 16.

Environs de Tehent.

1° à 3 kilomètres à l'ouest.

Un fragment d'inscription et une épitaphe, signalés *Com.*, 1900, p. cxxxvi.

2° à 8 kilomètres à l'ouest.

Dédicace à Caracalla et à sa mère, probablement en 212. *Id.*

3° **Hr. Keraïb** (à 6 kilomètres au nord-est).

C.I.L., 1215 = *Id.*

Hr. Jouibia.

Funéraire, signalée *Id.*, p. cxxxv.

Hr. Goléa et à 2 kilomètres au nord-est.

Funéraires, signalées *Id.*, p. cxxxv et cxxxvi.

Bordj Bou Rial (Caïdat des Nefza).

Fragments. *Com.*, 1901, p. 110.

Munchar.

1. Sous Marc Aurèle et Verus, *Agrius Samsera* consacre, en l'honneur de son décurionat, quatre statues de la *Memoria Temporum*. *Antiq.*, 1903, p. 345.

2. Funéraires. *Com.*, 1899, p. ccxvi-ccxvii (l'une est celle d'un *flamen perpetuus, curator reipublicae*).

Vaga (Béja).

1. Fragments. *Rev. Tunis.*, 1894, p. 89 et 96.
2. Funéraires. *Mél. Rome*, 1893, p. 427-428, n°⁵ 4 à 6; *Com.*, 1897, p. 389, n° 91; décembre 1906, p. xiv = *Rev. Tunis.*, 1906, p. 546.

Environs de Béja.

Stèle votive. *Com.*, 1899, p. cxlix.

Aïn Fodda.

Funéraire. *Com.*, 1897, p. 390, n° 92.

Hr. Deminia.

Funéraire. *Bull. Soc. Arch. Sousse*, 1905, p. 278.

Sidi Solthan.

Dédicace à Saturne. *Com.*, 1894, p. 245, n° 34; p. 351, n° 40; *Antiq.*, 1895, p. 82.

Aïn Sabbah.

Inscription impériale. *Com.*, 1901, p. 113.

A 15 kilomètres de Souk el-Khmis, vers Béja.

Funéraires. *Com.*, 1903, p. cxxxviii.

Avensa (Hr. Hamdouna).

1. Dédicace à une divinité mentionnant les *pagus et civitas Avensesis*. *Com.*, 1905, p. clxxxiv; *Antiq.*, 1905, p. 290.
2. Funéraires. *Com., id.*

Près de Souk el-Khmis :

Aïn el-Henchir.

Funéraire. *Com.*, 1897, p. 393, n° 100.

Aïn Ksar el-Hadid.

Funéraire. *Com.*, 1897, p. 393, n° 10.

Hr. Dougouana.

Funéraire. *Id.*, p. 392, n° 99.

Sidi Salah el-Balthi.

1. Inscription mutilée (*curator reipublicae*). *Id.*, p. 391, n° 95.
2. Fragments de frise. *Id.*, n°s 96 et 97; 1889, p. 366.
3. Funéraire. *Com.*, 1897, p. 392, n° 98.

Saia Major (Hr. Douemis).

1. Inscription dédicatoire du Capitole, en 196, construit aux frais d'un magistrat municipal, avec péribole orné de colonnades, porte triomphale et douze statues. *Com.*, 1902, p. cxciii; *C. R. Acad.*, 1902, p. 564-565.
2. Ex-voto à *Liber pater*. *Antiq.*, 1902, p. 260, n° 2.
3. Base honorifique à Septime Sévère divinisé, élevée en 213 par les *Saienses Majores*. *Id.*, p. 258, n° 1.
4. Funéraires. *Id.*, p. 260-261, n°s 3 à 5.

Souk el-Tleta.

C. I. L., 14465 = *Com.*, 1892, p. 201, n° 11.

Bulla Regia (Hr. Hammam Darradji).

1. Fragments d'une dédicace à Apollon, *Genius coloniae Bullensium Regiorum*, et aux dieux Augustes par un *flamen perpetuus*. *C. R. Acad.*, 1906, p. 553-554.
2. Fragments d'une autre dédicace du même édifice, à peu près semblable. *Id.*, p. 554-555, cf. *Com.*, juillet 1906, p. xx.
3. Dédicace à Apollon, *deus patrius*. *C. R. Acad.*, 1906, p. 218, n° 1.
4. Dédicace à Apollon. *Id.*, p. 556.
5. Inscription votive avec le nom d'un édile. *Com.*, novembre 1906, p. xx.

6. Sous Marc Aurèle, entre 164 et 166, réfection d'un édifice dont le nom manque. *C. R. Acad.*, 1906, p. 560.

7. Fragment d'une dédicace à L. Verus. *Com.*, novembre 1906, p. xviii.

8. En 196, en l'honneur de Septime Sévère et de Caracalla, la colonie de Bulla Regia achève un temple de *Diana Corollitica*, pour lequel un *vir clarissimus, alumnus et patronus*, avait légué une somme d'argent. *C. R. Acad.*, 1906, p. 562.

9. Dédicace en l'honneur de Caracalla. *Com.*, novembre 1906, p. xviii.

10. Sous Dioclétien et Maximien, un *vir clarissimus, curator rei publicae, aedes publicas vetustate conlapsas cameris, picturis et marmoribus perfecit. C. R. Acad.*, 1906, p. 561.

11. Sous le règne de Julien et le proconsulat de *Clodius Hermogenianus Olybrius*, le légat de Numidie, *Atilius Theodotus*, relève le *tabularium* de la cité. *Com.*, novembre 1906, p. xix.

12. Dédicace impériale par la *colonia Aelia Hadriana Augusta Bulla Regia. C. R. Acad.*, 1906, p. 365.

13. Dédicace à Plautien. *Com.*, 1902, p. cxcv; *C. R. Acad.*, 1905, p. 472.

14. Dédicace au proconsul d'Afrique *Ceionius Julianus Kamenius*, entre 326 et 332. *C. R. Acad.*, 1906, p. 364.

15. Dédicace au proconsul d'Afrique *Antonius Marcellinus*, avant 341. *C. R. Acad.*, 1906, p. 219, n° 3.

16. Dédicace à un proconsul d'Afrique dont le nom manque. *Id.*, p. 218, n° 2.

17. Fragments d'une dédicace à *C. Memmius Fidus Julius Albius* (cf. *C. I. L.*, 12442). *Com.*, novembre 1906, p. xx.

18-19. Deux exemplaires du même texte. Un flamine perpétuel, en l'honneur de son flaminat *gratis sibi oblati*, orne le Forum (?) de colonnes en marbre et d'un *horologium*, les Rostres, les façades et les portiques de marbres et de stucs. *C. R. Acad.*, 1906, p. 558-559.

20. Base honorifique à la fille d'*Agrius Celsinianus*, consulaire. *C. R. Acad.*, 1906, p. 219, n° 4, cf. p. 364, note 1.

22. Fragments, signalés *Com.*, novembre 1906, p. xxii.

23. Funéraires. *Com.*, 1890, p. 160 et suiv.; 1892, p. 79-80; 1893, p. 192, n° 20(?); *Rev. Arch.*, 1890, I, p. 18, fig. 1; 20 à 23, fig. 5 à 8; *Antiq.*, 1905, p. 289.

Près de Hammam Darradji.

Funéraire. *Com.*, 1891, p. 222.

Hr. Damous.

Funéraires. *Id.*, p. 220-221.

Sidi Athman près d'Hr. Merja.

Funéraire. *Id.*, p. 236.

Lalla Maïza.

Funéraires. *Com.*, 1891, p. 241; 1895, p. 334.

Aïn Sefra.

Funéraires. *Com.*, 1891, p. 241.

Sidi Abdallah Zehdi.

Funéraire. *Id.*, p. 242.

Hr. Merzoug.

1. Fragment. *Id.*, p. 243.
2. Funéraire. *Id.*, p. 244.

Près d'Hr. Merzoug.

Fragment. *Id.*, p. 245.

Hr. Zitouna.

Funéraires. *Id.*, p. 246.

Hr. Sidi Bou Gossa.

Funéraires. *Id.*, p. 232 (l'une d'elles est l'épitaphe d'une *sacerda magna*).

Hr. Sidi Adda.

Funéraires. *Id.*, p. 234.

Hr. Bou Mlem.

Fragment. *Id.*, p. 234.

Au pied du **Djebel Herrech.**

Funéraire. *Com.*, 1891, p. 216.

Hr. Hadj Abdallah Ben Diab.

Funéraire. *Com.*, 1902, p. cxciv.

Bordj Helal.

C. I. L., 14549 = *Mél. Rome*, 1893, p. 445, n° 55.

SIMITTHUS (**Chemtou**).

1. Ex-voto à Apollon. *Com.*, 1898, p. 223, n° 85.
2. *C. I. L.*, 14555 = *Mél. Rome*, 1893, p. 433, n° 13.
3. Fragment d'inscription impériale, sans doute en l'honneur de L. Verus avant 166. *Com.*, 1890, p. 229, n° 9.
4. Fragment d'une dédicace à Valens, Gratien et Valentinien sous le proconsulat d'*Hesperius*. *Mél. Rome*, 1893, p. 429, n° 8.
5. Fragment de la dédicace d'une *schola*. *Id.*, p. 428, n° 7 ; *Mém. Sav. Étrang. Acad.*, X, 1, p. 466.
6. Marques de carrière. *Mél. Rome*, 1893, p. 433 à 436, n°s 14 à 34 ; *Com.*, 1890, p. 229, n° 8.

C. I. L., 14586 = *Catal. Musée Alaoui*, p. 42, n° 59.

7. Fragments. *Id.*, p. 431-432, n°s 9 à 12.
8. Funéraires. *Id.*, p. 437 à 454, n°s 35 à 54 ; *Com.*, 1898, p. 223-225. (L'une d'elles [1898, p. 223, n° 86] est celle d'une *sacerda Caelestae*; une autre [*id.*, p. 224, n° 91] se rapporte à un *veteranus alae Silianae*.)

8 bis. *C.I.L.*, 14604 = *Mél. Rome*, 1893, p. 443, n° 50.

C. I. L., 14609 = *Nouv. Arch. Miss.*, II, p. 395, n. 2.

C. I. L., 14626 = *Mél. Rome*, 1893, p. 437, n° 36.

C. I. L., 14643 = 14680 = *Id.*, p. 438, n° 39.

C. I. L., 14645 = *Id.*, p. 439, n° 41.

C. I. L., 10599 = 14650 = *Com.*, 1901, p. 144.

C. I. L., 14670 = *Mél. Rome*, 1893, p. 442, n° 49.

C. I. L., 14672 = *Nouv. Arch. Miss.*, II, p. 394, n. 1.

C. I. L., 14675 = *Mél. Rome*, 1893, p. 445, n° 54.

Ain Ksira.

Funéraires. *Mél. Rome*, 1893, p. 451, n° 62; p. 453, n°ˢ 64, 65.
C. I. L., 14646 = *Id.*, p. 451, n° 61.
C. I. L., 14668 = *Id.*, p. 452, n° 63.
Cf. *C.I.L.*, 14638, 14642, 14663, 14666, 14671, 14673.

Sidi Acem.

Inscription à Magnence par la *colonia Thunusuda*. *Id.*, p. 446, n° 56 = *C. I. L.*, 22193.
Sur les inscriptions de *Sidi Acem*, cf. *Antiq.*, 1896, p. 87 et suiv.

Douar M'ta Hadj Salah.

Funéraires. *Id.*, p. 454 à 456, n°ˢ 66 à 68.

Hr. Frouri.

1. Construction d'un édifice avec le nom d'*Alcetas*, procurateur des *marmora numidica*. *Id.*, p. 448, n° 57.
2. Marque de carrière. *Id.*, p. 449, n° 58.
3. Funéraires. *Id.*, p. 449-450, n°ˢ 59-60.

Hr. Oued Melah des Ouled Ali.

1. Ex-voto. *Com.*, 1891, p. 204, n° 40.
2. Funéraires. *Id.*, p. 204-205, n°ˢ 41 à 43.

Sidi Mohammed el-Azreg.

1. Un temple *a solo exstructa et materia cincta* est dédié à Saturne par un prêtre. *C. R. Acad.*, 1890, p. 467.
2. Funéraire. *Com.*, 1891, p. 205, n° 45.

Thuburnica (Sidi Ali Bel Kassem).

1. *C. I. L.*, 14686 = *Id.*, p. 181, n° 14.
C.I.L., 14689 = *Id.*, p. 180, n° 4.
C.I.L., 14690 = *Id.*, p. 179, n° 1.
2. Ex-voto à Junon. *Id.*, p. 186, n° 32.
3. Ex-voto à Vénus? et à Mars. *Id.*, p. 183, n°ˢ 29 et 30.

4. Ex-voto. *Com.*, 1891, p. 186, n° 35; 1898, p. CLVI.

5. *C.I.L.*, 14694=*Id.*, n° 33.

6. Inscription mentionnant un cadeau fait en l'honneur de son flaminat perpétuel par *Q. Furfanius Felix Bellicus, omnibus honoribus in colonia sua functus, flamen Aug. perpetuus*. *Id.*, p. 184, n° 31.

7. Fragment. *Com.*, 1896, p. 282, n° 242.

8. Funéraires. *Com.*, 1891, p. 182, n° 23 (*C.I.L.*, 14706), n° 27 (*C.I.L.*, 14723), n° 28; p. 186, n° 34; p. 187 et suiv.; 1894, p. 380 à 382; p. 384, n°ˢ 17, 18 (n° 17 = *C.I.L.*, 14709); 1895, p. 337-338 (l'une est d'un vétéran de la *leg. II ͤ adjutrix pia fidelis*); 1896, p. 282, n° 241; 1898, p. CLVI; 1900, p. 519 à 522; janvier 1906, p. XIX (un vétéran, né à *Pisaurum*); *Bull. Soc. Arch. Sousse*, 1903, p. 69 et suiv.; 1904, p. 152 (un *aedilis designatus*, cf. *Antiq.*, 1905, p. 264) et 153.

Aux environs de Sidi Ali Bel Kassem.

Funéraires. *Com.*, 1900, p. 523; 1904, p. 237-238.

Hr. Goraa Smar.

Funéraires. *Com.*, 1894, p. 382-383.

Hr. Roumane.

Funéraire. *Id.*, p. 383, n° 16.

Hr. Psitia M'ta Sidi Trar.

Funéraires. *Com.*, 1900, p. 522-523.

Plaine de la Rokba, sur les bords de l'**Oued el-Hammam**.

Dédicace d'un autel à *Caelestis* par un prêtre. *Com.*, 1895, p. 336.

Auprès de la même ruine, un fragment. *Id.*

Ghardimaou.

1. Fragment appartenant peut-être à l'inscription de l'arc de triomphe (*C.I.L.*, 14728). *Mél. Rome*, 1891, p. 431, n° 28; *Com.*, 1891, p. 204, n° 38.

2. Funéraire. *Id.*, p. 432, n° 29; *Com.*, *id.*, n° 39.

Furni (Hr. el-Msaadin).

1. Renseignements sur *C. I. L.*, 14752 et 14753. *Antiq.*, 1898, p. 206.
2. Fragment d'inscription impériale en l'honneur de Marc Aurèle. *Id.*, p. 213.
3. Dédicace à Caracalla entre 214 et 217, mention d'un flamine perpétuel (*flamonii perpetui sive* xi p[*rimatus*]). *Id.*, p. 212 et 213 (à rapprocher de *C. I. L.*, 14755).

Sicilibba (Hr. Alouin).

Base honorifique (cursus sénatorial jusqu'à l'édilité curule), élevée par les *municipes Sicilibbensium*. *C. R. Acad.*, 1904, p. 335.

Hr. Morabba.

1. Fragments d'inscriptions en l'honneur de Valentinien, Théodose, Arcadius et Maximus, *quibus.... moenia recidiva consurgunt*, mentionnant la reconstruction d'un portique et d'un temple, sous le proconsulat de *V.....adius* (entre 383 et 388). *Com.*, 1893, p. 211, n° 19.
2. Fragments. *Id.*, p. 213, n°⁸ 20-21.

Vallis (Ksar Tir).

1. Fragment de dédicace à Commode, avec mention de l'*uterque ordo*. *Com.*, 1897, p. 395, n° 106.
2. Dédicace à Septime Sévère, après 195. *Id.*, p. 398, n° 117.
3. Fragments nouveaux du *C.I.L.*, 14771. *Id.*, p. 395, n° 104.
4. Fragments. *Id.*, p. 394, n° 103 (mention d'un proconsul); p. 398, n°⁸ 114 à 116.

Hr. Krour Nouar.

Fragment dédié en l'honneur de Sévère Alexandre. *Com.*, 1901, p. cciii.

Hr. Debbik.

Base honorifique à un *duumvir* par un *eques romanus, flamen perpetus, duumvir*. *Com.*, 1897, p. 397, n° 113.

Membressa (Medjez el-Bab).

1. Dédicace aux Victoires de l'empereur Tacite. *Com.*, 1902, p. 433; *Antiq.*, 1902, p. 161.
2. Sous le règne d'Honorius et de Théodose et dans la seconde année du proconsulat de *Q. Sentius Fabricius Julianus* (413-414), un personnage *ex togato, curator reipublicae, statuas et ornatum piscinales conlocavit*. *Com.*, 1894, p. 272, n° 1; *Antiq.*, 1894, p. 208; *C. R. Acad. Hippone*, 1892, p. xxx.
3. Fragment de dédicace impériale. *Com., id.*, p. 246, n° 35.
4. *C. I. L.*, 1298 = *Id.*, p. 274, n° 2.
5. Funéraire. *Com.*, 1897, p. 390, n° 93.

Choud el-Batel.

1. Fragment d'une dédicace à Sérapis par un *Sacerdos maximus*. *Com.*, mars 1906, p. xiii.
2. Sous Valens, Gratien et Valentinien, *thermis aestivis ornatus constitutus* par le proconsul *Decimius Hilarianus Hesperius*. *C. R. Acad. Hippone*, 1892, p. xxxviii et xlix; cf. 1893, p. xxxix-xl; *Bull. Acad. Hippone*, 1894, p. 98; *Com.*, 1894, p. 277.
3. Fragment. *Com.*, mars 1906, p. xii.
4. Épitaphe d'un chevalier, préfet de la *cohors scutata civium romanorum Alexandriae*, élevée par sa mère, *flaminica perpetua Karthaginiensium*. *Id.*

Sua (Chaouach).

1.
```
   IMP· CAES·FL CLAVDIO
   IVLIANO MAXIMO
   PIO FELICI INVICTO AVG
   PONTIFICI MAXIMO
 5 TRIBVNICIE POT P P    (sic)
   PROCONSVLI
   RESP MVNICIPI·
   SVENSIS DEVOTA
   NVM MAIESTATIQ
10    EIVS D D P P ·
```

Com., 1893, p. 226, n° 65; 1894, p. 244, n° 32; p. 321.

2. Base honorifique élevée au beau-père de *L. Popilius Primus* (*C.I.L.*, 14808 et 14809) par les *Afri et cives Romani Suenses*. *C. R. Acad. Hippone*, 1892, p. xxxix, n° 2; *Com.*, 1894, p. 321.

3. Funéraire. *Com., id.*, p. 324.

Tuccabor (**Toukabeur**).

1. Fragment mutilé de dédicace. *Id.*, p. 245, n° 33.
2. *C.I.L.*, 14860 = *Com.*, 1897, p. 390, n° 94.

Chidibbia (**Slouguia**).

1. Fragment très usé d'une inscription honorifique. A la ligne 2, j'ai lu :

SVI PERP / 1 \

Peut-être : *flaminatus* SVI PERPeTVi. Carton [1], p. 76, n° 95.

2. Funéraires. *Id.*, p. 75, n° 94; p. 76, n° 96.
3. Fragment. *Id.*, p. 76, n° 97.

Coreva (**Hr. Dermoulya**).

Fragments. *Id.*, p. 9, n°s 4 et 5.

L'inscription *C.I.L.*, 14882, a été trouvée exactement à *Ksar el-Baghla* (sur cette localité, cf. Carton, p. 13 et suiv.).

Tichilla (**Testour**).

1. Fragment de dédicace à Minerve. Carton, p. 83, n° 112.
2. Dédicace à Saturne. *Id.*, p. 79, n° 99.
3. Inscription très usée, où il était question de réparations faites à des thermes (début ligne 3 : THERMA.) sous le proconsulat de Q. SENTIO FABRICIO IV *liano* (fin ligne 9 et début

---

[1] *Découvertes épigraphiques et archéologiques faites en Tunisie (région de Dougga)*. Paris, Leroux, 1895.

ligne 10) et le règne d'Honorius et THEODosius (début ligne 2). Le reste du texte est, à cause des lacunes, de sens imprécis ou énigmatique. Carton, p. 86, n° 120.

4. Fragments. *Id.*, p. 78, n° 98 (avec mention d'un *flamen perpetuus*); p. 79, n° 100 (avec le nom de *Tichilla?*), p. 84, n° 115 (avec mention d'un *eques romanus*); *Com.*, 1894, p. 246, n° 36.

5. Fragment d'une *tabula lusoria*. *Id.*, p. 84, n° 114.

6. Funéraires. *Id.*, p. 79 et suiv., n°⁵ 101 à 103, 105, 106 (*C. I. L.*, 1379 et 14888), 107 (*id.*, 14897), 109 (*id.*, 1344), 110, 111, 113, 116 à 119, 121, 122 (*C. I. L.*, 10616), 123, 125 à 130.

Hr. Skira.

1. Dédicace votive par un vétéran de la II^a *Adjutrix*. *Com.*, 1896, p. 225, n° 8.

2. Fragments d'inscriptions impériales, mentionnant la construction d'un *horreum publicum*. *Com.*, 1892, p. 312, n° 48; 1896, p. 225, n° 9.

3. Funéraires. *Com.*, 1896, p. 225, n° 7; p. 226, n° 10.

Hr. Mettich.

« Règlement édicté à la fin du règne de Trajan par des procurateurs de l'empereur pour déterminer les rapports à établir, en vue de l'exploitation et de la culture d'un grand domaine africain, entre les propriétaires ou les fermiers de ce domaine (*fundus villae magnae Variani*) et les indigènes habitant les gourbis d'un village voisin (*mappalia Siga*). » (*Catal. Musée Alaoui*, p. 94, n° 441.) Signalé *Com.*, 1896, p. 225, n° 6; *C. R. Acad.*, 1896, p. 607; publié *C. R. Acad.*, 1897, p. 146; *Ann. Épigr.*, 1897, n° 48; *Bull. dell'Instituto di diritto romano*, 1897, p. 187; Schulten, *Die Lex Manciana* (*Abhandl. der Götting. Akademie*, N. F., II, n° 3); *Mém. Sav. Étrang. Acad.*, XI, 1, p. 31; *Nouv. Rev. hist. du droit*, 1897, p. 373; 1899, p. 137, 284, 401, 622; *Neue Iahrb. für klass. Philol.*, 1898, p. 628; 1899, p. 295; *Rhein. Mus.*, 1901, p. 120, 187, 477, 632; *Rev. Arch.*, 1898, II, p. 350-351; *Mél. Rome*, 1901, p. 67; *Zeitschrift für Social-und Wirthschaftsgesch.*, 1898, p. 305.

Près de **Douar Chabia**.

Fragment. *Com.*, 1896, p. 223, n° 1.

THIGNICA (**Aïn Tounga**).

1. (Trouvé à Testour.) Fragment de dédicace à Septime Sévère par le *municipium Herculeum Thignica* (fait peut-être partie du *C. I. L.*, 1404). *Com.*, 1894, p. 246, n° 37.
2. Fragment. Carton, p. 95, n° 133.
3. *C.I.L.*, 1412 = 15204, *i* et *k* reproduits *Nouv. Arch. Miss.*, II, p. 533.
4. Funéraire. *Id.*, p. 93, n° 132.

Sur les inscriptions d'*Aïn Tounga*, cf. *Mém. Antiq.*, 1901, p. 169 et suiv. — Le n° 10952 du *C. I. L.* appartient à l'ancienne *Thignica*.

Aïn el-Djemala.

Requête d'un groupe de colons, mention du *saltus Neronianus*; *sermo procuratorum* de l'empereur Hadrien, relatif à l'application de la *lex Hadriana de rudibus agris* aux domaines impériaux; lettre des procurateurs. *Mél. Rome*, 1906, p. 368 et suiv. Cf. *Aïn Ouassel*, p. 203.

Hr. Hadjra el-Beida.

Funéraires. *Com.*, 1896, p. 224, n°ˢ 2-3.

Hr. Mandra el-Kedima.

Funéraire. *Id.*, n° 5.

Hr. M'ta Oued Djedra.

Ex-voto à Mercure (?). Carton, p. 96, n° 134.

Bir Ben Fezza.

Funéraires. *Id.*, p. 97, n°ˢ 135-136.

SUSTRI (**Hr. Ben Ergueia**).

1. Dédicace aux Dieux Augustes pour le salut de Caracalla et de sa mère par la *civitas Sustritana*. *Id.*, p. 323, n° 560.

2. Dédicace d'un temple? restauré et agrandi, *facta cisterna*, en l'honneur de *Jupiter Optimus Maximus, Juno Regina et Fortuna* sous Gordien III, en 238. Carton, p. 317, n° 557.

3. Dédicace à Septime Sévère, ses fils et sa femme par le *populus Sustritanus*. *Id.*, p. 321, n° 559.

4. Funéraires. *Id.*, p. 323-324, n°ˢ 561 à 563.

Sur la route d'El-Goléa, à 2 kilomètres d'Aïn Tounga.

Funéraires. *Id.*, p. 98-99, n°ˢ 137 à 139.

Aïn es-Sardouk.

Funéraires. *Id.*, p. 99, n° 140.

El-Goléa et Hr. Mouça.

1. Ex-voto à Saturne par un prêtre (cf. *C. I. L.*, 15248). *Id.*, p. 102, n° 145.

2. Autre ex-voto à Saturne. *Id.*, p. 103, n° 148.

3. Dédicace d'un arc de triomphe sous Hadrien. *Id.*, n° 146; *Mél. Rome*, 1906, p. 430, n. 2.

4. Funéraires. *Id.*, p. 100 et suiv., n°ˢ 141 (*C. I. L.*, 15253) à 144 (*C. I. L.*, 15251), 149 à 154 (152, un flamine perpétuel).

Au bord de la route qui va d'El-Goléa à Hr. Ksirat.

Funéraire. *Com.*, 1896, p. 223, n° 2.

Sur la route d'Aïn Tounga à Téboursouk.

Fragments d'une loi agraire. Carton, p. 114, n° 159.

Teana (Hr. R'rao).

Autel à Jupiter élevé par des *pagani* sur le *fundus Tigibelle? reipublicae col(oniae) Teanensium*. *Id.*, p. 18, n° 9.

Hr. Tersas.

1. Fragment d'ex-voto élevé par un affranchi. *Id.*, p. 111, n° 156.

2. Édifice élevé dans les *praedia* de *Rufius Volusianus*, — préfet

du prétoire en 355 et de la ville en 365, — de *Caccinia Lolliana* et de leurs quatre fils. Carton, p. 112, n° 158.
3. Funéraires. *Id.*, p. 111, n°⁵ 155 et 157.

A l'ouest d'**Hr. et-Tebbala**.

Funéraire. *Id.*, p. 33, n° 30.

Hr. Sidi Cheïdi.

Funéraires. *Id.*, p. 29-30, n°⁵ 23 à 27.

Aïn et-Tell.

Funéraire. *Id.*, p. 31, n° 28.

THIBURSICUM BURE (**Teboursouk**).

1. Dédicace à Junon. *Com.*, 1901, p. CCXVII (à rapprocher du *C. I. L.*, 1428).
2. Dédicace à *Tellus*. Carton, p. 130, n° 215 = *C. I. L.*, 1427.
3. Dédicace à la Victoire (cf. *C. I. L.*, 15258, 15259). *Id.*, p. 126, n° 201.
4. Fragment d'ex-voto (?). *Id.*, p. 116, n° 162.
5. Nouveaux fragments du *C. I. L.*, 15261. *Id.*, p. 135, n°⁵ 231 et 232.
6. *C. I. L.*, 15265 et 15266 = *Id.*, p. 128, n° 207.
7. Sur l'initiative d'un *eques romanus, curator reipublicae*, quatre statues de marbre, situées dans un endroit devenu inaccessible et menacé par un éboulement de rochers, sont transportées dans les thermes. *Antiq.*, 1898, p. 406; *Com.*, 1898, p. CLV; 1899, p. 172.
8. *C. I. L.*, 15302 = Carton, p. 128, n° 206.
9. Fragments. *Id.*, p. 119, n° 171; p. 120, n°⁵ 176 et 178; p. 121, n°⁵ 180-181; p. 124, n° 194; p. 135, n° 230.
10. Funéraires. *Id.*, p. 116 et suiv. : n°⁵ 160, 161, 163 à 170, 172 à 175, 177, 179, 182 à 193, 195 à 200, 202 à 205, 208 à 214, 216 à 229, 233 à 247, 251, 260 à 263, 265-266 (187 = *C. I. L.*, 15304; 193 = 15336; 203 = 15330; 227 = 1460; 228 = 15314). *Com.*, 1890, p. 468 et suiv., n°⁵ 28 et suiv. (la plupart sont déjà au *C. I. L.*; quelques remarques à leur sujet dans Carton, p. 141 et suiv., n°⁵ 248 et suiv.); 1900, p. 517; 1901, p. CCXVII.

Bir Touita.

Funéraire. Carton, p. 290, n° 526.

Entre Bir Touita et Hr. Redes.

Funéraires. *Id.*, n°ˢ 527 et 528.

Hr. Aïn Moungas.

Funéraire. *Id.*, p. 315, n° 555.

Hr. Aïn Tersassi.

Funéraire. *Id.*, p. 316, n° 556.

Numluli (Hr. Maatria).

1. *C.I.L.*, 15378 = *Com.*, 1890, p. 483, n° 156.
2. Dédicace du Capitole, en 170, mentionnant un *decurio c. l. K., flamen divi Nervae designatus*, le *pagus* et la *civitas Numlulitana* ainsi que l'*uterque ordo decurionum*. *Com.*, 1892, p. 154-155; *Rev. Arch.*, 1892, II, p. 215.

2 bis. Inscription se rapportant peut-être au Capitole. *Com.*, 1890, p. 481, n° 138; 1893, p. 77; Carton, p. 300, n° 538.

3. *C.I.L.*, 15380 = *Com.*, 1890, p. 483, n° 155.
4. Impériale, avec mention des *decuriones utriusque ordinis*. Carton, p. 297, n° 530.
5. *C.I.L.*, 15384 = *Id.*, p. 301, n° 541; *Com.*, 1890, p. 480, n° 133.
6. *C.I.L.*, 15385 = *Com.*, *id.*, n° 134.
7. *C.I.L.*, 15386 = Carton, p. 299, n° 536; *Com.*, *id.*, p. 479, n° 130.
8. *C.I.L.*, 15387 = *Id.*, n° 535; *Com.*, *id.*, p. 483, n° 154.
9. Fragment de base dédiée à un empereur. *Com.*, 1893, p. 78.
10. *C.I.L.*, 15389 = *Id.*, 1890, p. 481, n° 135.
11. *C.I.L.*, 15390 *a* = *Id.*, n° 137. *b* = Carton, p. 300, n° 537 *a*. Nouveau fragment. Carton, *Id.*, n° 537 *b*.
12. *C.I.L.*, 15391 = *Id.*, p. 298, n° 534.
13. *C.I.L.*, 15394 = *Com.*, 1890, p. 480, n° 131.
14. *C.I.L.*, 15395 = Carton, p. 301, n° 539; *Com.*, 1890, p. 480, n° 132.

15. Fragments. *Com.*, 1893, p. 79; Carton, p. 297, n° 529; p. 298, n° 531; n° 533 (fragment d'impériale).

16. *C. I. L.*, 15398 = Carton, p. 301, n° 540; *Com.*, 1890, p. 481, n° 139.

17. *C. I. L.*, 15414 = *Id.*, p. 300; *Com., id.*, n° 136.

18. *C. I. L.*, 15419 = *Com.*, 1895, p. 331.

19. Funéraires. *Com.*, 1890, p. 481-482 (déjà au *C. I. L.*); 1892, p. 155; 1893, p. 78; 1896, p. 278, n°s 220-221; 1903, p. cxxxvi-cxxxvii; Carton, p. 298, n° 532.

Hr. Mechri et Bordj Ben Achour.

1. Base honorifique à l'empereur Gallien. Carton, p. 311, n° 553; *Com.*, 1895, p. 331.

2. Funéraires. *Id.*, p. 307 et suiv., n°s 544 et 545, 547 à 552.

3. Fragment. *Id.*, p. 308, n° 546.

Aïn el-Dourrig.

Funéraire. *Id.*, p. 312, n° 554.

Hr. Krourou.

Funéraires. *Com.*, 1890, p. 484, n°s 161 à 164 = Carton, p. 306 et 307.

Sidi el-Ayadi.

Funéraires. Carton, p. 287, n° 524; *Com.*, 1903, p. ccxviii-ccxix.

Hr. el-Joue.

Funéraire. Carton, p. 288, n° 525.

Hr. Goutnaïa.

Funéraires. *Com.*, 1890, p. 484, n°s 165-166.

Sidi Abdallah Melliti.

Funéraire. Carton, p. 284, n° 520.

THIMIDA BURE (Hr. Kouchbatia).

Cf. Schmidt, *Rhein. Mus.*, 1891, p. 334 et suiv.

Funéraires. Carton, p. 285-286, n°s 521 (*C. I. L.*, 15431) à 523.

THIBARIS (Thibar).

1. Ex-voto à la Fortune. *Antiq.*, 1898, p. 119, n° 3,
2. Ex-voto. *Com.*, 1903, p. ccxvi.
3.

```
.....sacra M
...... PII FELICIS AVG
et totius domus divi NAE · COL SALT.
..... Thi    B ·
```

C. R. Acad. Hippone, 1897, p. xii, n° 1, cf. p. xxiv; *Mél. Rome*, 1906, p. 432.

L. 3. Col(oni) salt(us).

4. Fragments d'une dédicace en l'honneur d'Antonin le Pieux. *Com.*, 1905, p. 122, n° 2.

5. Dédicace à Septime Sévère en 198 par le *pagus Thibaritanus*. *Antiq.*, 1896, p. 244, n° 1.

6.
```
          IVLIAE DOM
        NAE AVG MATRI
         CASTRORVM
          CONIVGI
        IMP CAES L SEP
        TIMI SEVERI PI I
        PERTINACIS AR
        BICI ADIABENI
         CI AVG PAG
         THIBARITANVS
            D D P P
```
Com., janvier 1907, p. xiii.

7. Base honorifique à l'empereur Dioclétien dédiée entre 287 et 290 par la *respublica municipi Mariani*[1] *Thibaritanorum*. *Com.*, 1902, p. CXLVII.

L. 10 : DEVOTA · NVMini

majestatique ejus.

8. Inscription impériale martelée faisant mention de la construction d'un temple. *Com.*, 1903, p. CXXXIII, n° 1.

9. Fragments d'une inscription impériale. *Id.*, p. CCXV, n° 1; 1905, p. 123, n° 3.

10.
L · CORNELIO · P · F · ARN
MAXIMO
MAG · PAG · Q · DEC · C I K
SACERD · AESCVLA
5   PI · E · BIS · PRAEF · ID
PAGVS · THBARIT
PATRONO
OB MVNIFICENT
D · D · P · P

C. R. Acad., 1897, p. 369.

L. 3. Q(uaestor), dec(urio) c(oloniae) I(uliae) K(arthaginis).
L. 5. PI · ET liés ou PII (le point n'est pas certain et la 3ᵉ lettre est indistincte).
L. 6. Soit THB, soit THB.

11. Inscription mutilée. *Com.*, 1903, p. CXXXIV, n° 2.

12. Borne limite. *Id.*, n° 3.

---

(1) Sur l'épithète *Marianum* qui s'applique à *Thibaris* et à *Uchi Majus*, cf. GSELL, *Mél. Rome*, 1902, p. 331, n. 4.

13.
```
......gra?.CCHIANVS ET PINARIANA
........SIBI IIIIS QV E SVIS FORTVNATO
et....ANO FECE. r VNT ET DEDICAVER/N
```

a. Inédit. — *b. Antiq.*, 1896, p. 245, n° 2.

L. 2. *Sibi filisque suis*...

14. Funéraires. *Antiq.*, 1896, p. 245, n° 3; 1898, p. 118-119, n°ˢ 1, 2, 4; *Com.*, 1903, p. ccxvi-ccxvii; 1905, p. clxxxv, p. 124, n° 7; *C.R. Acad. Hippone*, 1897, p. xii, n°ˢ 2 et 3; *Rev. Tunis.*, 1899, p. 449.

Hr. Guellale.

Funéraire. *Com.*, 1901, p. clxxii.

Gillium (H. el-Frahs).

1. Dédicace à *Pantheus* par les *decuriones Gillitani*. *Rev. Tunis.*, 1899, p. 447, n° 6.

2. Dédicace à Pluton et à Mercure, pour Sévère Alexandre et sa mère, en 229 (2 fragments). *Rev. Tunis.*, 1899, p. 446-447, n°ˢ 4 et 5; *Com.*, 1905, p. 122, n° 1; *C.R. Acad.*, 1899, p. 18, n° 4.

3. Base honorifique à la *diva Julia Domna* élevée par les *decuriones Gillitani*. *Rev. Tunis.*, 1899, p. 445, n° 1; *C.R. Acad.*, 1899, p. 17, n° 1.

4. Base honorifique au *divus Severus*, *avus* de Sévère Alexandre, en 229, par les *decuriones Gillitani*. *Id.*, p. 446, n° 2; *Id.*, n° 2.

5. Base honorifique au *divus Antoninus*, père de Sévère Alexandre (même date, mêmes dédicants). *Id.*, n° 3; *Id.*, p. 18, n° 3.

6. Bornes limites (?). *Com.*, 1905, p. 124, n°ˢ 6 et 6 *bis*.

7. Funéraires. *Id.*, p. 125; signalées *Rev. Tunis.*, 1899, p. 447 et 448.

Thigibba Bure (Djebba).

4.
```
         PRO SALVTE
         IVLIAE A\g
         FLORVS V/
         IVSSI FEI
         QVI*A
         AII
```

Com., 1903, p. cxxxv. *Florus V[e]tussi(?) f(ilius) e[t] Que[t]a(?).. aer[c? suo ou conlato pos(uerunt)]*.

2. Dédicace à Constantin et à ses fils, en 325, par la ville de *Thigibba Bure*. *C. R. Acad.*, 1903, p. 242.

3. Bornes limites avec le nom de *Thigibba Bure*. *Com.*, 1905, p. 123 et 124, n°s 4 et 5.

4. Funéraires. *Com.*, 1903, p. cxxxv, ccxviii; 1905, p. 126, n° 13.

Hr. Chett.

Funéraires. Carton, p. 249, n° 445 (*C.I.L.*, 15478) et 446; *Com.*, 1905, p. 126, n° 14.

Entre Hr. Chett et Aïn Ouassel.

Funéraire. Carton, p. 248, n° 444.

Aïn Ouassel.

1. *Sermo procuratorum* de l'empereur Hadrien, relatif à l'application de la *lex Hadriana de rudibus agris* aux domaines impériaux : mentionne cinq de ceux-ci (*saltus Blandianus, Udensis, Lamianus, Domitianus, Thusdritanus*); exemplaire gravé sous Septime Sévère. *Id.*, pl. VIII à X; *Rev. Arch.*, 1892, I, p. 216 et suiv.; *Nouv. Rev. hist. du droit*, 1892, p. 117; *Bull. dell'Inst. di diritto romano*, 1893, p. 31; *Hermès*, 1894, p. 207; *Collections du musée Alaoui*, p. 134-135. — Cf. Aïn el-Djemala, p. 195.

2. Funéraires. Carton, p. 248, nᵒˢ 441 à 443 (*C.I.L.*, 15470 à 15472).

3. Fragment. *Rev. Arch.*, 1892, I, p. 215.

UCHI MAJUS (Hr. Douemis).

1. Dédicace à Saturne, sous Nerva. Carton, p. 257, n° 450.

2. Fragment de dédicace avec le nom de Marc-Aurèle. *Id.*, n° 451.

3. Fragments nouveaux du *C.I.L.*, 15449. *Id.*, p. 258, n° 453.

4.
```
A D O M I N O
ALEXANDRI I
NA AVG VCHIN
```

Com., 1903, p. 188, n° 2.

Les trois premières lignes ont été martelées sauf l'A de la ligne 1, puis regravées.

Peut-être faut-il rapprocher ce texte du *C.I.L.*, 15447 et compléter ainsi :

```
............[quod indulgenti   A D O M I N  N Ostri
             imp. caes. M. Aureli Severi   ALEXANDRI Pii fel.
             Aug. colonia Alexandria   NA AVG VCHI Majus
             promota sit                M              AR
```

peut-être ligne 4 : [......]m, ar[cum] ou [....cu]m ar[cu]....

5.
```
             ᵃ          ᵇ            ᶜ    ᵈ         ᵉ
........trib. pot. i  II COS II P P ET SABINI Æ T
......... ob          HONORE ET  MEMORiam
....decurioni         BVS BIS ET POPVLO DATO....
```

a, c, d, e. Inédits. — *b. Com.*, 1897, p. 409, n° 143; 1903, p. 188, n° 1.

Fragment de dédicace en l'honneur de Gordien III et de sa femme, *Sabinia Tranquillina*, datant de 241.

6. Fragment supérieur d'une base honorifique à Claude II. Carton, p. 259, n° 454.

7. Fragment de linteau mentionnant un *duumviralicius. Com.*, 1897, p. 409, n° 144.

8. Funéraires. *Com.*, 1903, p. 188, n° 3; Carton, p. 258 et suiv., n°s 452, 455 à 516.

Près d'Hr. Khima.

1. Dédicace d'un temple à Cérès, relevé par les soins du fils de celui qui l'avait bâti. Carton, p. 276, n° 517.

2. Funéraires. *Com.*, 1895, p. 332. L'une d'elles se retrouve *Rev. Tunis.*, 1896, p. 48.

Aïn Bellaji.

Funéraires. Carton, p. 279, n°s 518 et 519; *Com.*, 1895, p. 333.

Hr. Oudeka.

Funéraire. *Com.*, 1895, p. 333.

Hr. Baten Siabek.

Funéraire. Carton, p. 255, n° 449.

Près d'Hr. el-Cadi.

a.   *b.*

le premier bloc de pierre manque. | PRAEDIA   PVLLAIENORVM
| I DECIMI CC II FILIORVM CELSINI PVPIANI EV ET ROIAE TITNIAE
| FLORENTIORVM

Carton, p. 254, n° 447. J'ai revu seulement le fragment *a*.

Rapprocher le surnom *Florentiorum* d'une inscription trouvée à Dougga et portant *Florentii* (*C.I.L.*, 1516).

Hr. Soussa.

Funéraires. Carton, p. 246, n°° 436 à 440 (438-439 = C.I.L., 15495).

Hr. el-Avavi.

Funéraires. *Id.*, p. 245, n°° 434-435.

Aïn el-Abib.

1. Dédicace à *Caelestis*. *Id.*, p. 242, n° 428.
2. Funéraire. *Id.*, n° 429.

Aïn Faouar.

Funéraires. *Id.*, p. 145, n° 264 (*C.I.L.*, 15369); p. 244, n°° 430 (15371), 431 (15372); p. 245, n° 432.

Hr. Kef Ghaba.

Funéraire. *Id.*, p. 237, n° 420.

Hr. Guennaouch.

Funéraires. *Id.*, p. 235, n°° 418-419.

Hr. H'Rich.

Funéraire. *Id.*, p. 241, n° 427.

Ksar Ben Talha.

1. Fragment de dédicace en l'honneur de Sévère Alexandre. *Id.*, p. 240, n° 425.
2. Funéraires. *Id.*, p. 239 à 241, n°° 422 à 424 (*C.I.L.*, 15365), 426; *Com.*, 1890, p. 467, n°° 24 à 27 (*C.I.L.*, 15363, 4, 6 et 7).

Au sommet du Kef Dougga.

Funéraire. *Id.*, p. 239, n° 421.

Hr. Berjeb.

Funéraires. *Id.*, p. 147 à 149, n°° 268, 269-270 (mention d'un *sacerdos Aesculapi, aedilis designatus*, et peut-être de *c. C. I. K.*), 271-272.

Hr. Ben Ouaoua.

Funéraires. Carton, p. 149-150, n°⁵ 273 à 276.

Bordj el-Aïn.

Funéraire. *Id.*, p. 151, n° 277.

Hr. Abria.

Funéraires. *Com.*, 1890, p. 487, n°⁵ 185 à 188 (188 est celle d'une *sacerdos*).

THUGGA (Dougga).

Voir ce qui a été dit à la préface, p. 126.

Près de Dougga.

Funéraires. *Com.*, 1894, p. 379, n° 1; Carton, p. 233-234, n°⁵ 414 à 417.

Hr. Brahim Riah.

Funéraire. Carton, p. 232, n° 411.

Hr. Ben Snoussi.

Funéraire. *Id.*, n° 412.

Hr. Aïn Trab.

Dédicace. *Id.*, n° 413.

Hr. es-Zaouïa.

1. Dédicace d'un temple à Esculape. *Id.*, p. 201, n° 374.
2. Dédicace à *Caelestis* (?). *Id.*, p. 202, n° 376.
3. Fragment d'entablement. *Id.*, p. 201, n° 375.
4. Funéraires. *Id.*, p. 202 à 204, n°⁵ 377 à 382.

Hr. Ksar et-Tir.

Pierre avec : *Urani. Id.*, p. 205, n° 383.

Hr. el-Hammadi.

1. Dédicace à Mercure. *Id.*, p. 206, n° 388.

14.

2. Borne limite. Carton, p. 205, n°ˢ 385-386.
3. Funéraires. *Id.*, p. 205-206, n°ˢ 384, 387. (Militaire ayant fait partie de la légion v.ᵉ *Macedonica*).

Aunobari (Hr. Kern el-Kebch).

1. Fragments. *Id.*, p. 208, n°ˢ 389 à 391 (mention du *divus Antoninus Aug.* et d'un flamine perpétuel); p. 210, n° 395.
2. Funéraires. *Id.*, p. 209, n°ˢ 392 à 394; p. 210, n°ˢ 396, 397.

Sidi Bou Atila.

Funéraire. *Id.*, p. 53, n° 53; *Com.*, 1892, p. 156, n° 6.

Hr. Cheikh Ajel.

Funéraires. *Id.*, p. 199-200, n°ˢ 369 (= *Com.*, 1890, p. 483, n° 159) à 373.

Agbia (Aïn Hedja).

1. Dédicace au *Genius Agbiae*. *Id.*, p. 46, n° 37.
2. Fragment mentionnant un *flamen perpetuus* et une *cella*. *Id.*, p. 49, n° 48.
3. Funéraires. *Id.*, p. 46 à 48, n°ˢ 36, 43 à 46; *Com.*, 1890, p. 483, n°ˢ 157 et suiv. [1] (156 = Carton n° 46).
4. Lettres isolées sur des pierres de taille. *Id.*, p. 46-47, n°ˢ 38 à 42.

Entre Aïn Hedja et Aïn Taki.

SALVIS ET PROPITIIS DD NN CONSTANTINO MAXIMO ET LICINIO AVGG
RESP MVNICIPI AG
CALVE

Id., p. 50, n° 49; *Com.*, 1903, p. 194, n° 19. Entre 307 et 323. Les lignes 2 et 3 sont complètes.

Hr. Zallala.

Funéraire. *Id.*, p. 38, n° 33.

---

[1] Le n° 159 vient d'ailleurs (Carton, p. 199, n° 369).

Sidi Aghib.

Funéraire. Carton, p. 74, n° 93.

Pagus Thac... (Aïn Taki).

Dédicace d'un *arcus* à *Caelestis* par le *pagus Thac*... *Id.*, p. 73, n° 92.

Hr. Ben Mançoura.

1. Dédicace d'un temple à Saturne, par la *civitas Thuggensis*. *Id.*, p. 70, n° 90 = *C.I.L.*, 10619, cf. p. 1494. (Poinssot, *Inscriptions de Thugga*, *Nouv. Arch. Miss.*, XIII, p. 163, n. 1).
2. Funéraire. *Id.*, p. 71, n° 91.

Hr. Ben Abdallah.

Funéraires. *Id.*, p. 66-67, n°ˢ 76 à 78.

Hr. Zazi.

Funéraires. *Id.*, p. 67-68, n°ˢ 79 à 81.

Bir Doukhania.

Funéraires. *Id.*, p. 68 à 70, n°ˢ 82 à 89.

Sidi Khalifa.

1. *C.I.L.*, 16412 = *Id.*, p. 66, n° 75; *Com.*, 1892, p. 168, n° 51.
2. Fragment. *Com.*, 1892, p. 167, n° 49.
3. *C.I.L.*, 16413, *a* et *b* = Carton, p. 65, n°ˢ 73 et 74.
4. Funéraire. *Com.*, 1892, p. 168, n° 50.

Hr. Bou Aouïa.

Deux fragments de base. Carton, p. 63-64, n°ˢ 71-72.

Djebel Bou Koheil.

Borne mentionnant une délimitation du territoire de *Musti* sous Antonin le Pieux. *Id.*, p. 62, n° 70.

Hr. el-Amri.

C.I.L., 16399 = Carton, p. 61, n° 69.

Hr. Aïn Galiane.

Funéraires. *Id.*, p. 60-61, n°ˢ 66 à 68 = *Com.*, 1892, p. 165, n°ˢ 40 à 42.

MUSTI (Hr. Mest, Aïn Ghar Salah).

1. Double dédicace, l'une à *Janus Pater*, l'autre à *Nutrix* et *Frugifer* (cf. *C.I.L.*, 15577 = *Com.*, 1897, p. 406, n° 137), sous le règne simultané de Septime Sévère, Caracalla et Geta. *Com.*, 1897, p. 406, n° 136.
2. *C.I.L.*, 15578 = Carton, p. 55, n° 56.
2. Dédicace à la *Virtus Augusta*. *Com.*, 1898, p. cxxi (signalée); p. 157, n° 4.
3. Fragments. *Com.*, 1897, p. 407, n° 138; Carton, p. 56, n°ˢ 61, 62.
4. Funéraires. *Com.*, 1892, p. 156, n° 6; p. 164, n° 40 et p. 165-166; 1897, p. 408, n°ˢ 140-141; 1898, p. cxxi (signalées); Carton, p. 54 à 56, n°ˢ 54-55, 57 à 60.

Hr. Bou Menzel.

Dédicace à Théodose par le *municipium Mustitanum*. *Com.*, 1892, p. 167; 1898, p. 157, n° 7.

Hr. Belab.

Funéraires. Carton, p. 211-212, n°ˢ 398 (un *eques alae Pannoniorum*), 399.

GEUMI (Bordj Bou Baker).

Fragment mentionnant une *aedes Valentina* (?) et la *civitas Geumitanorum*. *Com.*, 1902, p. cxcii.

Aïn Bou Hedja.

Funéraires. Carton, p. 213, n°ˢ 402, 403 (un *vir egregius, aedilis, duumviralis coloniae Juliae Karthaginis*).

Hr. Benaïenni.

Funéraire. Carton, p. 214; n° 404.

Hr. Belda.

1. Dédicace à Caelestis et à Cérès. *Id.*, p. 216, n° 405.
2. Ex-voto à un dieu *Masgau*... *Id.*, n° 406.
3. Dédicace d'un édifice en l'honneur de Gordien III. *Id.*, p. 217, n° 410.
4. Funéraires. *Id.*, p. 216-217, n°s 407 à 409.

Aïn Guerça.

Funéraire, *Com.*, 1900, p. 524.

Entre Bordj Messaoudi et l'O. Tessaa.

Fragment de linteau. *Com.*, 1897, p. 407, n° 139.

Ucubi (Hr. Kaoussat, Pont romain).

Funéraires, signalées *Com.*, 1898, p. cxx-cxxi.

Sidi Bou Gernoug.

Épitaphes, signalées *Com.*, 1898, p. cxxi.

Hr. Driès.

1. Dédicace à *Liber pater*, signalée *Com.*, 1898, p. cxxi; publiée *Id.*, p. 157, n° 6.
2. Fragment. *Id.*, n° 5.

Hr. el-Kebir sur l'Oued Defla.

Épitaphes, signalées *Id.*, p. cxxi.

Sidi Amor (8 kilom. nord-est du Kef).

Édifice élevé dans les *praedia* de *L. Memmius Victoricus* et de ses fils, en 225. *Id.*, p. 156, n° 3 (cf. p. cxx).

Près du Kef (à 12-13 kilom. sur la route de Tunis).

C.I.L., 15716 = *Com.*, 1892, p. 168, n° 52; *Rec. Constantine*, 1894, p. 702, n° 133.

Nebeur.

Funéraires. *Com.*, 1897, p. 419, n° 165; signalées *Id.*, 1898, p. cxx-cxxi.

Hr. Ghazelli.

1. Ex-voto. *Com.*, 1898, p. 211, n° 31; p. 212, n° 34.
2. Funéraires. *Id.*, p. 211, n° 32; p. 212, n° 33.

Hr. Sidi Nasseur.

Funéraires. *Id.*, p. 218, n°ˢ 64 à 66.

Hr. Touireuf.

Funéraires. *Id.*, p. 211, n°ˢ 27 à 30; *Mél. Rome*, 1893, p. 456, n° 69.

Hr. Bou Allouch.

1. Funéraire d'un vétéran de la légion *II*ᵃ *Adjutrix*. *Com.*, 1898, p. 213, n° 38.
2. Funéraire, signalée *Id.*, p. cxxi.

Hr. Kharrouba.

Funéraires. *Id.*, p. 219 à 221; 1899, p. 231-232, n°ˢ 142 à 145.

Masculula (Hr. Guergour).

Funéraires. *Mél. Rome*, 1891, p. 418-419; 1893, p. 457-458; *Com.*, 1898, p. 205 à 210 (p. 206, n° 7 : un prêtre de *Caelestis*).

Hr. Sidi Messaoud = Aïn Barka.

Funéraire. *Com.*, 1898, p. 213, n° 39.

Hr. es-Zid.

Funéraire. *Id.*, n° 40; 1904, p. 238.

Hr. el-Kouskiss.

Funéraires. *Com.*, 1898, p. 215 à 217, n°ˢ 51 à 61.

Hr. Aïn Zeradou.

Funéraires. *Id.*, p. 213 à 215, n°ˢ 41 à 48.

Sidi Tahar près d'Aïn Taragig.

Funéraire. *Com.*, 1898, p. 218, n° 63.

Hr. Sidi Mohammed et-Touir.

Funéraires. *Id.*, p. 212, n°ˢ 35 à 37.

Au bord de l'Oued Bayad.

Dédicace à Neptune en l'honneur de Septime Sévère, Caracalla, Geta et Julia Domna. *Id.*, p. 217, n° 62.

Hr. Aoud Ben Dhaou (6 kilom. nord-ouest du Kef).

Borne limite. *Com.*, 1897, p. 409, n° 145.

Aïn el-Ouarghi, à 5 kilom. au nord du Kef,
au pied des parties occidentales du Djebel Semch.

Funéraires. *Id.*, p. 448-449, n°ˢ 277 à 279.

7ᵉ kil. de la route du Kef à Nebeur.

Funéraire, signalée *Com.*, 1898, p. cxx.

SICCA VENERIA (Le Kef).

1. Dédicace au *divus Augustus*, fondateur de la colonie, par les habitants de *Sicca. Antiq.*, 1898, p. 114, n° 2.
2. *C.I.L.*, 15852 = *Com.*, 1892, p. 163, n° 34.
3. *C.I.L.*, 15855 (?) = *Id.*, p. 157, n° 7.
4. Base honorifique à un *J[u]lius C. f. Quir. Aquilinus, equo publico, adlectus in quinque decurias* (rapprocher de *C.I.L.*, 15872). *Id.*, p. 163, n° 35.
5. Base honorifique à *Nepotianus, procurator sexagenarius ab actis, procurator centenarius primae cathedrae. C. R. Acad.*, 1905, p. 462; cf. *Ber. der Berl. Akad.*, 16 nov. 1905; *Rhein. Mus.*, 1906, p. 140 et suiv.
6. *C.I.L.*, 16410 = *Collections du Musée Alaoui*, p. 69.
7. Architrave avec le nom d'un . . . . . *lius Flavianus proconsul. Rec. Constantine*, 1894, p. 699, n° 128; *Com.*, 1897, p. 410, n° 146.

8. Fragments. *Com.*, 1892, p. 163, n° 33; 1897, p. 414, n°⁸ 149, 150 (=*Rec. Constantine*, 1894, p. 700, n° 132); p. 415, n° 154.

9. Funéraires. *Com.*, 1890, p. 230, n° 10 (=p. 463, n° 1), p. 463 et suiv., n°ˢ 1 à 23 (p. 465, n° 10, date consulaire) : la presque totalité figure déjà au *C.I.L.*, — 1891, p. 203, n°ˢ 34 à 36; 1892, p. 157 et suiv., n°ˢ 8 à 32, 36 à 38; 1894, p. 375; 1897, p. 414 à 417, n°ᵇˢ 151 à 153, 157 à 161 (160 et 161 = *C.I.L.*, 16068); 1898, p. cxxi (signalée); 1905, p. ccii; mai 1906, p. xxiii; *C. R. Acad. Hippone*, 1902, p. x; *Rec. Constantine*, 1894, p. 699-700, n°ˢ 129-130; *Bull. Soc. Arch. Sousse*, 1905, p. 194, n° 20; p. 197-198, n°ˢ 27 à 31 (n° 28, épitaphe d'un *Veneris libertus*).

Hr. Bernoussa.

Funéraires. *Com.*, 1898, p. 222 et 223.

Hr. Zaafran.

Funéraires. *Com.*, 1897, p. 418.

Ksar el-Ghoul.

Funéraires. *Com.*, 1895, p. 335, n°ˢ 1 (= *C.I.L.*, 16270, cf. *Com.*, 1898, p. cxxi) et 2; 1899, p. 212, n°ˢ 66-67.

12 kilomètres au sud-est du Kef.

1. Dédicace à *Juno Caelestis* avec mention d'un temple qui est construit. *Com.*, 1905, p. cci, n° 1.

2. Funéraires. *Id.*, n° 2; *Bull. Soc. Arch. Sousse*, 1905, p. 195-196, n°ˢ 21 à 26.

Hr. Fkirina.

Funéraires. *Com.*, mai 1906, p. xxiv.

Aïn Babouch.

Funéraires. *Com.*, 1892, p. 160, n°ˢ 21 et 22.

Tituli (Aïn Madjouba).

1. Consécration d'une fontaine à Neptune par les *seniores et plebs Titulitani*. *Antiq.*, 1897, p. 301.
2. Fragment de dédicace avec le nom de Commode. *Id.*, p. 303.

Hr. Zouitine.

Funéraires. *Com.*, 1898, p. 219, n°ˢ 67 et 68.

Obba (Ebba).

Funéraires aux environs, signalées *Com.*, 1899, p. cxliv.

Althiburus (Hr. Medeina).

1. Fragment de la dédicace du Capitole, sous Commode (à ajouter à *C.I.L.*, 1824, 1826, 1831 = 16470). *Com.*, 1896, p. 279, n° 222; 1897, p. 420, n° 169; cf. *Temples païens*, p. 9.
2. Base honorifique à *Julia Domna*, en 199 (Septime-Sévère est TR·POT·$\overline{VII}$·IMP·$\overline{VIII}$·COS·$\overline{II}$). *Com.*, 1897, p. 421, n° 170.
3. Fragment d'inscription impériale. *Com.*, 1896, p. 279, n° 223.
4. Fragment d'une dédicace du théâtre. *Com.*, 1896, p. 279, n° 224; 1897, p. 422, n° 171.
5. Fragments. *Com.*, 1896, p. 280, n°ˢ 226, 227.
6. Funéraires. *Id.*, p. 280-281, n°ˢ 225, 228 à 240; 1897, p. 422-423, n°ˢ 172 à 176 (= 1896, n°ˢ 229, 239, 232, 237, 225).
7. Inscriptions dénommant et accompagnant des bateaux. *Monuments Piot*, XII, p. 11, 16 et suiv.

Aïn Barchouch.

Funéraire. *Com.*, 1897, p. 419, n° 167.

Sidi Ahmed el-Hacheni.

1. Fragment d'une inscription impériale avec mention d'un *flamen perpetuus* et de *Macrinius Sossianus*, légat du proconsul en 290-294. *Com.*, 1899, p. 133.

2. Dédicace d'un ensemble de trois portiques sous Valentinien, Valens et Gratien, *Petronius Claudius* étant proconsul (entre 367 et 370), par un *curator reipublicae*. *Com.*, 1899, p. 134.

3. Restauration d'un aqueduc par un *curator reipublicae*. *Id.*, p. 135.

Cellae (Aïn Zouarin).

Funéraire. *Com.*, 1897, p. 419, n° 166.

Assuras (Zanfour).

1. Funéraire. *Com.*, 1891, p. 206, n° 47.
2. Fragment. *Id.*, n° 48.

Sidi Bou Rouis.

1. Dédicace à *Sol, Jupiter, Luna* et la Fortune. *Com.*, 1905, p. ccvii; *Bull. Soc. Arch. Sousse*, 1905, p. 202-203.
2. Funéraire. *Bull. Sousse*, 1905, p. 201.

Zama Major (Djama).

Dédicace à Neptune. *Com.*, 1901, p. 126.

Hr. Mansour.

Dédicaces à Hercule, à Mars.
Funéraire.
Signalées *Com.*, 1899, p. cxliii.

Thabraca (Tabarka).

1. Ex-voto à *Faunus Augustus* par un *arkarius*. *Com.*, 1894, p. 241, n° 24 (rapprocher de *C.I.L.*, 17335).
2. *C.I.L.*, 17330 = *Com.*, 1892, p. 202, n° 13.
3. Fragment avec la mention d'un *aedes Vic[toriae(?)]*. *Com.*, 1905, p. 392, n° 35.
4. Fragments d'inscriptions impériales. *Com.*, 1892, p. 209, n°s 46, 47 (= *C.I.L.*, 17331, 17332); 1893, p. 189, n°s 5 et 7 (celle-ci en l'honneur de Caracalla).
5. *C.I.L.*, 17333 = *Com.*, 1892, p. 202, n° 14.

6. Fragments. *Com.*, 1905, p. 392, n° 33.

7. Funéraires. *Com.*, 1892, p. 199 et suiv. (plusieurs précédemment publiées figurent au *C.I.L.*, entre autres p. 202, n° 12 = *C.I.L.*, 17335); 1894, p. 242, n° 25; 1895, p. 72; 1897, p. 393-394, n° 102 (sarcophage avec signature du marbrier); 1902, p. cliv, n°ˢ 13 à 16; 1905, p. 392, n° 34; p. 393-394, n°ˢ 36 à 43; *C. R. Acad. Hippone*, 1892, p. xx.

Hr. Aïn Hammam.

Dédicace à Caracalla mentionnant le *pagus Trisipensis*. *Com.*, 1901, p. 111.

Hr. Douemis es-Slitnia.

Construction d'un temple (?) à *Jupiter Optimus Maximus* et à *Juno Regina*, sous le règne de Septime Sévère. *Com.*, 1901, p. 112.

TABLES.

(Les numéros renvoient aux pages.)

I

NOMS DES LOCALITÉS ANTIQUES.

	RAPPORT.	CORPUS.		RAPPORT.	CORPUS.
Abbir Cella...........	168	1270	Curubis..............	177	1282
Abthugni............	139	1169	Furni...............	–	1241
Aghia...............	208	1499	Furni...............	191	1435
Althiburus...........	215	1574	Gales...............	158	1258
Ammaedara..........	144	1198	Gemellae............	–	1174
Apisa Majus..........	160	1260	Geumi..............	210	–
Ad Aquas............	–	1428	Gigthis.............	129	1146
Aradi...............	161	1261	Gillium.............	202	–
Assuras.............	216	1573	Giufi...............	171	1273
Aubuzza............	–	1563	Gor................	175	1278
Aulodes.............	–	1394	Gumi...............	173	–
Aunobari............	208	1500	Gurza...............	–	1162
Avensa..............	184	–	Hadrumetum........	135	1160
Avioccala............	158	–	Vicus Haterianus.....	139	–
Avitta Bibba.........	162	1263	Hippo Diarrhytus.....	180	1391
Gens Bacchuiana.....	166	1269	Horrea Caelia........	136	1162
Biia.................	138	1166	Lares...............	–	1559
Bisica...............	162	1265	Leptis Magna........	127	1144
Bulla Regia..........	185	1410	Leptis Minor........	135	1158
Saltus Burunitanus....	–	1409	Limisa..............	155	1241
Capsa...............	–	1172	Mactaris............	148	1219
Carpis...............	–	1283	Mauange............	154	–
Carthago............	178	1285	Masclianae..........	140	–
Aquaeductus Carthagi-			Masculula...........	212	1519
niensis	–	1278	Saltus Massipianus...	–	1214
Casae...............	144	1193	Maxula.............	178	1284
Cellae...............	216	1561	Mediccera...........	138	1168
Chidibbia............	193	1447	Membressa..........	192	1440
Chiniava Peregrina....	183	–	Meninx.............	132	1151
Chusira..............	155	1250	Pagus Mercurialis Vete-		
Cidamus.............	127	1143	ranorum Medelitano-		
Cilibia..............	–	1281	rum	173	1275
Cillium..............	143	1178	Mididi..............	147	1218
Cincari..............	–	1437	Missua..............	–	1283
Clupea..............	–	1283	Mizigis..............	–	1283
Coreva..............	193	–	Musti	210	1501

	RAPPORT.	CORPUS.		RAPPORT.	CORPUS.
Mutia	–	1216	Thiges	141	1172
Muzuc	–	1244	Thigibba Bure	203	–
Muzuc	–	1247	Thignica	195	1277
Naro	–	1283	Thimida Bure	199	1484
Neapolis	–	1282	Thimida Regia	–	1275
Neferis	174	1275	Thimisua	166	–
Nepte	–	1172	Thisiduo	–	1436
Numluli	198	1481	Thubba	179	1387
Obba	215	1562	Thuburbo Majus	169	1272
Oea	–	1144	Thuburbo Minus	–	1386
Puput	176	–	Thuburnica	189	1428
Ruspina	–	1160	Thugga	207	1494
Sabrata	129	–	Thugga Terebinthina	147	1217
Sabzia	160	–	Pagus Thunigabensis	–	1405
Saia Major	185	–	Thysdrus	134	1156
Saradi	157	–	Tjbubuci	130	–
Segermes	137	1164	Tichilla	193	1449
Semta	159	–	Tigimma	153	1230
Seressi	139	1170	Tisavar	131	1150
Siagu	176	1282	Tisitha	181	1391
Sicca Veneria	213	1523	Tituli	215	1217
Sicilibba	191	1435	Pagus Trisipensis	217	–
Silesua	132	1152	Tubernuc	175	1281
Simitthus	188	1416	Tuccabor	193	1445
Sua	192	1441	Tunes	178	1384
Sufes	144	1190	Turris Tamalleni	140	1172
Sufetula	143	1180	Tusurus	–	1172
Sullecthum	133	1157	Uccula	–	1395
Sululos	167	1270	Uchi Majus	204	1487
Sustri	195	–	Ucres	–	1386
Sutunurca	171	–	Ucubi	211	1509
Tacapae	132	1150	Ulizippara	136	–
Aquae Tacapitanae	–	1151	Uppenna	136	1163
Taparura	133	1153	Urusi	155	1239
Teana	196	–	Uthina	172	1275
Tepelte	–	1261	Utica	179	1388
Thabbora	164	1268	Uzalis	180	1390
Thabraca	216	1646	Uzappa	154	1231
Thaca	–	1167	Vaga	184	1398
Thacia	–	1508	Vallis	191	1437
Thaenae	132	1153	Vazi Sarra	155	1237
Thagari Majus	168	1272	Vina	–	1281
Thelepte	142	1175	Zama Major	216	1571
Thibaris	200	1486	Zama Regia	–	1240
Thibica	160	1259	Zigira	–	1450
Thibiuca	–	1386	Zucchar	138	1468
Thibursicum Bure	197	1473			

II

NOMS DES LOCALITÉS MODERNES.

N. B. Dans l'ordre alphabétique adopté ici, il n'a pas été tenu compte des mots suivants :

Aïn.	*El et ses dérivés.*
Ben.	*Henchir (Hr.).*
Bir.	*Ksar.*
Bordj.	*Oued.*
Bou.	*Sidi.*

	RAPPORT.	CORPUS.		RAPPORT.	CORPUS.
El-Aala.........	139	–	Ksar el-Ahmar.....	–	1248
Bir Abadlia.....	167	–	Hr. Sidi Ahmed.....	–	1269
Hr. Abbeda.....	159	–	Sidi Ahmed Dje-		
Hr. el-Abd.......	162	1262	didi......	176	–
Hr. Ben Abdallah...	209	–	Sidi Ahmed el-Ha-		
Hr. Ben Abdallah...	166	–	cheni.....	215	–
Sidi Abdallah.....	180	–	Ksar el-Ahmour....	139	–
Sidi Abdallah.....	166	–	Hr. el-Ahsan......	–	1197
Sidi Abdallah Mel-			Hr. Sidi Aïch.......	–	1174
liti.......	199	–	Ben Aïech......	174	–
Sidi Abdallah Zeh-			Hr. Aimia......	–	1394
di.......	187	–	Bordj el-Aïn.......	207	–
Hr. Abd el-Aziz...	–	1240	Hr. Alaouin.....	172	–
Hr. Sidi Abd el-Basset.	–	1392	El-Alia.......	180	1390
Hr. Sidi Abd el-Kerim.	160	–	El-Alia.......	133	–
Bordj Abd el-Melek.	–	1490	Sidi Ali Bel Kas-		
Hr. Abd em-Mthir	–	1569	sem......	189	1428
Hr. Abd es-Salam.	153	–	Hr. Sidi Ali Ben Ab-		
Hr. Abd es - Se-			dallah.....	–	1523
med.....	166	–	Hr. Sidi Ali Ben Amar.	–	1575
Hr. el-Abiad......	–	1514	Sidi Ali Ben Aoun.	–	1178
Aïn el-Abib.......	206	–	Sidi Ali Ben Kha-		
Sidi Abich.......	136	–	led......	147	–
Hr. Abria.......	207	–	Hr. Ali Ben Sul-		
Sidi Acem......	189	–	tan......	–	1554
Hr. Bir el-Achmin....	–	1262	Hr. Ali Ben Sul-		
Bordj Ben Achour.....	199	–	tan......	141	–
Hr. Sidi Adda......	187	–	Sidi Ali es-Sedfini.	–	1275
Sidi el-Adissi......	–	1560	Bordj Ali Mansour.	–	1434
Hr. el-Adoud.....	–	1434	Hr. Bou Allouch......	212	1523
El-Aerg.......	133	–	Hr. Alouin.....	191	1435
Hr. el-Afna......	–	1216	Bir Ben Ama......	162	–
Hr. Bir el-Afou.....	–	1406	Sidi Amara......	158	–
Sidi Aghib......	209	–	Sidi Amara.....	157	–
Ksar el-Ahmar....	–	1209	Hr. Sidi Amara.....	–	1250

	RAPPORT.	CORPUS.
Sidi Amor	211	—
Hr. Sidi Amor Berraï		
el-Beger	—	1514
Hr. Sidi Amor Djedidi	—	1240
Ksar Amr Bir Rabakh	—	1209
Hr. el-Amri	—	1436
Hr. el-Amri	210	1565
El-Amrouni	130	—
Hr. Aoud Ben Dhaou	213	—
Hr. el-Aouedi	—	1209
Hr. Bou Aouïa	209	1566
El-Aouinia	—	1144
Bou Arada	161	1261
Sidi Bou Arara	163	1268
Bordj el-Arbi Ben Youssef	—	1481
Arch Zara	—	1157
Hr. el-Arous	181	—
Aïn el-Asker	171	—
Sidi el-Assah	147	—
El-Assan	—	1281
Sidi Athman	187	—
Sidi Bou Atila	208	—
Sidi Atmen el-Hadid	182	—
Hr. Attaïa	153	—
Hr. el-Attouf	—	1214
Hr. el-Aunia	—	1272
Hr. el-Aura	—	1180
Hr. el-Avavi	206	—
Sidi el-Ayadi	199	—
Aïn Babouch	214	1572
Ksar el-Baghla	193	1448
Hr. Sidi Baiech	—	1281
Bordj Bou Baker	210	—
Sidi Bou Baker el-Haïdri	—	1554
Aïn Barchouch	215	—
Aïn Barka	212	—
Sidi Barka	167	—
Aïn Barouri	147	—
Hr. Barouch	—	1249
Hr. Barout	—	1209
Hr. Baten Siabek	205	—
Hr. Battaria	138	1166
Oued Bayad	213	—
Béchateur	181	1391
Hr. Bechri	141	—

	RAPPORT.	CORPUS.
Hr. Bedd	—	1396
Hr. Bedjar	—	1393
Hr. el-Begar	154	1193
Hr. Behaïa	181	1392
Hr. Aïn Beida	—	1431
Béja	184	1398
Oued Béja	—	1398
Hr. Bou Beker	174	1275
Hr. Belab	210	—
Hr. Belda	—	1216
Hr. Belda	211	—
Aïn Bellaji	205	—
Hr. Sidi Belloul	147	—
Hr. Benaïenni	211	—
Benbla	145	—
Ksar Benia des Ouled bel Recheb	—	131
Benia Guedah Ceder	131	—
Beni Aïchoum	177	—
Hr. Beni Darradji	—	1280
Hr. Sidi Bennour	—	1277
Hr. Bent el Ariane	—	1492
Hr. Bent el-Bey	160	—
Hr. Berjeb	206	—
Hr. Bernoussa	214	—
Aïn Berouta	139	—
Hr. Besra	—	1247
Hr. Bettiour	131	—
Hr. Bez	155	1237
B'haïret Bir Meïen	—	1214
B'haïret er R'mada	—	1214
Sidi Biessact	—	1386
Hr. Bijga	162	1265
Hr. Biniana	—	1162
Bizerte	180	1391
Hr. B'laïet	—	1261
Bled Belli	—	1281
Bled Djedida	—	1281
Bled Segui	141	1152
Bondjem	—	1144
Hr. el-Bordj	159	—
Hr. Boudja	—	1241
Hr. Bouladia	—	1555
Sidi Boul Baba	132	—
Hr. Brahim Riah	207	—
Hr. Bressa	133	—

	RAPPORT.	CORPUS.
Hr. Brighita	161	1260
Hr. el-Cadi	205	—
Carthage	178	1285
Bordj Cedria	173	—
Hr. Bou Cha.	168	1271
Hr. Chaffaï	142	1176
Bordj Chambi	143	—
Bir Chana	175	—
Chaouach	192	1441
Chaouat	182	—
Aïn Char	146	—
Aïn Chara	—	1235
Hr. el-Charoub	158	1258
Cheggayat	130	—
Hr. Sidi Cheïdi	197	—
Hr. Cheikh Ajel	208	—
Hr. Chelga	—	1394
Chemtou	192	1416
Hr. Chenah	140	—
Hr. Cheraga	142	—
Hr. Chetlou	164	—
Hr. Chett	203	1490
Hr. Chigarnia	136	1263
Hr. ech-Chiri	—	1195
Hr. ech-Chorr	—	1237
Choud-el-Batel	192	1440
Ksar ed-Daba	—	1277
Hr. Dabous	—	1240
Hr. el-Dalia	177	—
Hr. Damous	187	—
Sidi Daoud en-Noubi	—	1283
Dar el-Aroussi	—	1162
Dar el-Hadj Hassen	133	—
Dar Sidi Assen Bou Debbous	—	1248
Hr. Debbik	291	1439
Hr. Dedech	139	—
Hr. Deïmech	255	—
Hr. ed-Dekir	—	1425
Hr. Deminia	184	—
Hr. Dermoulya	193	1448
Hr. Bou ed-Diab	—	1192
Bou Djadi	—	1386
Aïn Djal	178	1388
Djama	216	1571

	RAPPORT.	CORPUS.
Hr. Djebara	—	1235
Djebba	203	—
Hr. Djebbana	154	—
Djebel Bou Koheil	209	—
Djebel Bou Kournein	173	—
Djebel Djelloud	171	—
Djebel Gattouna	173	—
Djebel Herrech	188	—
Djebel Khanaech	—	1215
Djebel Mansour	158	1258
Djebel Oust	171	—
Bou Djelida	166	1269
Hr. Djelloula	139	1249
El-Djem	134	1156
Hr. Djemal	181	—
Aïn el-Djemala	195	—
Hr. Bou Djenna	—	1175
Hr. Djenoua	155	1215
Hr. Aïn Djenoua	—	1255
Hr. Djezza	—	1563
Djilma	—	1192
Hr. Djouana	140	—
Hr. Aïn Djougar	138	1168
Hr. Aïn el-Djour	176	—
Hr. Dochdouchaiah	—	1196
Bir Douaïk	167	—
Douar Chabia	195	—
Douar des Larmahl	181	—
Douar M'ta Hadj Salah	189	—
Douela	—	1283
Hr. Douemis	185	—
Hr. Douemis	204	1487
Hr. Douemis	—	1570
Hr. Douemis es-Slitnia	217	—
Dougga	207	1494
Hr. Dougga	147	1217
Kef Dougga	206	—
Hr. Dougouana	185	—
Bir Doukhania	209	—
Hr. Dourat	—	1395

	RAPPORT.	CORPUS.		RAPPORT.	CORPUS.
Aïn el-Dourrig	199	–	Hr. Gammana	155	–
Hr. Dra el-Gamra	175	1278	Hr. Garaat el Baghla	–	1177
Hr. Ben Drèje	144	–	Hr. Garaat el Hamra	–	1177
Hr. Driès	211	–	Aïn Garci	138	–
Hr. Bou Driès	141	–	Hr. Gemelihia	–	1282
Hr. Dzemda	169	–	Gern el-Hafei	–	1575
Ebba	215	1562	Ksar Ghafar	–	1240
Hr. Aïn Ehedia	–	1214	Hr. Ghaïada	154	1236
Hr. Embarek Ben Sla	166	–	Hr. S. Bou Ghanem el Djedid	–	1195
Enfida	–	1162	Hr. S. Bou Ghanem el Khedim	–	1198
Hr. Ben Ergueia	195	–	Ghar Biod	–	1489
Hr. Esnakit	164	–	Ghardimaou	190	1432
Hr. Bir Essefir	179	–	Ghariat el Gharbia	–	1143
Rég. du Fahs	161	–	Hr. Ghazelli	212	–
Hr. Bou Fahs	–	1570	Aïn Ghechil	158	–
Hr. Fakhamia	–	1209	Ksar Ghelan	131	1150
Aïn Faouar	138	1166	Hr. el-Gheria	–	1216
Aïn Faouar	206	1481	Hr. el-Gheria	–	1407
Hr. el-Faouar	–	1404	Hr. el-Gheria	–	1409
Oued el-Fard	–	1151	Sidi Bou Gherib	–	1153
Hr. Faroba	154	–	Ghirza	127	–
Ksar Bou Fatha	152	1229	Aïn Ghorab	140	1249
Hr. Fedj Medjaled	–	1557	Hr. el-Ghorfa	–	1570
Feriana	142	1175	Ghorfa des Ouled Slama	166	–
Bir Ben Fezza	195	–	Ksar el-Ghoul	214	1555
Fezzan	–	1143	Hr. Ben Glaïa	–	1397
Hr. Bou Ficha	137	1164	Sidi Gnaoui	–	1150
Hr. Fkirina	214	–	Bordj Gobet el-Ghéfari	174	–
Aïn Fodda	184	–	Hr. el-Goléa	177	–
Fondouk Djedid	173	–	Hr. el-Goléa	196	1472
Rég. de la Fouchana	–	1194	Hr. Goléa	183	–
Ksar el-Foul	–	1175	Hr. Goraa Smar	190	–
Foum Tatahouine	130	–	Hr. S. Bou Gossa	187	–
Aïn Fourna	156	1258	Hr. Gotnia	–	1481
Hr. Fragha	136	1163	Rég. du Goubellat	166	–
Hr. el-Frahs	202	–	Gouifla	141	–
Hr. Fraxine	168	–	La Goulette	–	1384
Hr. Frouri	189	–	Gourbata	141	1172
Hr. Bou Ftis	162	1263	Hr. Gousset	141	–
Hr. Fyala	–	1519	Hr. Goutnaïa	199	–
Gabès	132	1150	Bir Gram	167	–
Gafsa	–	1172	Bou Grara	129	1146
Aïn Gaga	–	1428	Hr. el-Guecfret	131	–
Hr. Aïn Galiane	210	1501			

	RAPPORT.	CORPUS.		RAPPORT.	CORPUS.
Hr. Guefa el-Metsane	142	–	Hammam Siala	–	1408
Hr. el-Guela	–	1428	Hr. el-Hammam Zouakra	153	1230
Hr. Guellale	202	–	Sidi el-Hani	136	–
Hr. Guennaouch	206	–	Bordj Haouida	179	–
Hr. Guennara	153	–	Sidi Haouidat	158	–
Hr. Guennara	–	1436	Hr. el-Haouria	159	1258
Hr. Guennara	–	1489	Hr. Harat	137	1164
Hr. Guemba	183	–	Hr. Ben Hareth	–	1557
Hr. Bou Guerba	131	–	Harouri	–	1283
Aïn Guerça	211	–	Sidi Hassan Cherif	–	1388
Hr. Guergour	212	1519	Hr. Ben Hassen	–	1159
Sidi Bou Guernoug	211	–	Hr. Ben Hassen	174	–
Hr. el-Guerra	156	–	Hr. el-Hatba	–	1215
Hr. el-Guetat	–	1553	Aïn Hedja	208	1499
Guigariche	128	–	Aïn Bou Hedja	210	–
Ksar el-Hadda	–	1556	Hr. Hedousif	143	–
Aïn Ks. el-Hadid	185	–	Bordj Helal	188	1415
Bir el-Hadj	139	–	Aïn el-Henchir	184	–
Hr. Hadj Abdallah Ben Diab	188	–	Hergla	136	1162
Bir el-Hadj Ahmed	174	–	Bir el-Heuch	167	1270
Bit el-Hadjar	152	–	Houmt Cedouikech	132	1151
Hadjeb el-Aïoun	140	–	Hr. H'Rich	206	–
Hadj Zakouli	–	1555	Hr. Bou Idaria	139	–
Hr. Hadjra el-Beida	195	–	Hr. Sidi Iaia	–	1576
Hr. el-Hacria	–	1554	Hr. el-Jehoudiah	–	1214
Hr. Bir el-Hafei	142	1178	Jemajeur	173	–
El-Hagueuff	131	1150	Jorac	–	1283
Haïdra	144	1198	Hr. el-Joue	199	–
Hr. Haira	132	1152	Hr. Jouibia	183	–
Hr. Halima	152	–	Jual	–	1255
Hr. el-Halouani	167	–			
Hr. el-Hamadja	–	1177	Hr. Kadour Ben Arfa	164	–
Hr. Hamdouna	184	–	Bir el-Kabia	134	–
Aïn el-Hamedna	147	–	Kairouan	–	1170
Hr. el-Hameima	–	1196	Kala Kebira	136	1162
Sidi Bou Hamida	169	–	Kalaat es-Snam	–	1217
Hr. el-Hammadi	207	–	Hr. Kaoussat	211	1509
Hr. Aïn Hammam	217	–	Hr. Kasbat	169	1272
El-Hammam	–	1131	Kasrin	143	1178
Hr. el-Hammam	–	1214	Hr. el-Kebir	21	–
Hr. Hammam Darradji	185	1410	Hr. Aïn Kedim	–	1244
Hammam el-Lif	–	1283	Le Kef	212	1523
Hammam Ouled Ali	–	1428	Kef en-Neçour	141	–

	RAPPORT.	CORPUS.		RAPPORT.	CORPUS.
Hr. Kef Ghaba	206	–	Hr. Krouron	199	–
Hr. Kelbia	–	1281	Hr. el-Ksar	–	1249
Kelibia	–	1283	Hr. Ksiba	156	1250
Hr. Keraib	183	–	Hr. Ksibat	–	1156
Hr. Kern el-Kebch	208	1500	Aïn Ksira	189	
Hr. Kessa	–	1386	Ksour Abd el-Melek	154	1231
Kessera	155	1250	Hr. Ksour Bahiri	154	
Hr. Khachoum	159	1244	Hr. el-Ktabb	–	1194
Hr. Khadhkadda	–	1407			
Hr. Sidi Khalifa	137	1163	Hr. Aïn Laabed	–	1405
Sidi Khalifa	209	1567	Lachadié	127	
Hr. Khamissa	170	–	Lalla Maïza	187	–
Ksar Khanguet el-Ajesch	–	1175	Bir Bou Lartal	173	
Khanguet el-Bey	164	–	Ksar Lattache	131	
Khanguet el-Hadjaj	174	–	Lebda	127	1144
Khanguet Slougui	144	–	El-Lebs		1572
Khanguet et-Tlit	–	1448	Lemsa	155	1141
Hr. Kharrouba	212	–	Lemta	135	1158
Hr. el-Khima	–	1250	Hr. Lorbeus	–	1559
Hr. Khima	205	–	Ksar el-Louz	–	1281
Hr. Khima	156	–			
Hr. Khima	147	–	Hr. Maatria	198	1481
Hr. el-Khima M'ta Zarouia	–	1178	Hr. Machjouba	–	1150
Hr. Khmin	–	1394	Madhia	133	–
Khoms	128	–	Aïn Madjouba	215	1217
Oued Kitan	174	–	Hr. Bir Magra	158	1259
Hr. Oued el-Klegh	166	–	Hr. el-Mahalla	144	
Hr. el-Kley	–	1163	Bou Maharez	154	–
Hr. Kokaech	–	1214	El-Mahrine	178	–
Hr. Kouchbatia	199	1484	Aïn Maja	144	–
Koudiat Roumad	143	–	Hr. Makdoudech	143	1172
			Maktar	148	1219
Hr. Kouki	–	1192	Hr. Ben Mançoura	209	
Kourba	177	1282	Hr. Mandra el-Kedima	195	–
Kourbeus	177	–	Hr. el-Mangoub	–	1437
Kourchine	173	1283	Hr. Mansour	216	
Hr. Bou Kouriat	–	1440	Sidi Marched	156	1256
Hr. el-Kouskiss	212	–	Mareth	131	–
Ksar Kouti	129	–	Ste Marie du Zit	176	–
Hr. Kramet	–	1507	Hr. Marouf	–	1247
Hr. el-Krenndegg	175	–	Mateur	181	1391
Hr. el-Krib	–	1391	Bir M'cherga	170	1273
Krich el-Oued	–	1436	Hr. Sidi Mchich	147	
Hr. Krour Nouar	191	–	Aïn Mdeker	138	1168
			Hr. el-M'den	–	1281
			Ksar Mdoudja	153	–
			Hr. Mechdonj	143	1172
			Hr. Mechri	199	
			Mechta		

	RAPPORT	CORPUS		RAPPORT	CORPUS
Cheikh Amar	160	–	Hr. Moregan	148	–
Mechta el-Haouam	167	–	Hr. Mouça	196	–
Hr. Meded	147	1218	Hr. Mouça	–	1428
Hr. Medeina	215	1574	Aïn Mouchnib	159	–
Hr. Sidi Medien	–	1437	Hr. Aïn Moungas	198	–
Medinet el-Qdima	142	1175	Moureddine	136	–
Medjez el-Bab	192	1440	Sidi Mozaet	–	1386
Medjez el-Djidiane	–	1248	Bordj Mrira	171	–
Hr. Oued Melah des Ouled Ali	189	–	Hr. Mrowa	–	1210
Vallée de l'Oued Mellègue	–	1558	Hr. el-Msaadin	191	1435
Ksar Menara	176	1281	Hr. M'ta Oued Djedra	195	–
Hr. Bou Menzel	210	–	Munchar	183	–
Menzel Bou Zelfa	173	–	Hr. Mzareg es-Semech	144	–
Hr. Menzel el-Gorchi	–	1407	Hr. Mzoura	–	1398
El-Mergeb	128	–	Hr. en-Naam	168	1270
Hr. Merifek	–	1391	Nabeul	–	1282
El-Merissa	–	1283	Hr. Sidi Naoui	159	1258
Hr. Merouana	164	–	Hr. Sidi Nasseur	212	–
Hr. Merzoug	187	1516	Sidi Nasseur	–	1441
Hr. Mesguida	177	–	Sidi Nasseur Allah	140	–
Hr. Meskine	166	–	Nebeur	212	1516
Hr. Mesmar	–	1247	Hr. Nebhana	–	1170
Hr. Sidi Messaoud	212	–	Nefidet el-Mecid	144	–
Bordj Messaoudi	211	1508	Nefta	–	1172
Hr. Messis	–	1557	Hr. Negachia	–	1405
Oued Messoudj	–	1235	Hr. Bir en-Niar	–	1436
Hr. Mest	210	1501	El-Nor	–	1519
Hr. Mettich	194	–	Ksar el-Oghab	–	1557
Hr. Meyala	–	1515	Ksar Bel Ouadouada	–	1190
Ksar Mezouar	–	1402	Hr. Ben Ouaoua	207	–
Hr. M'heimes	–	1268	Aïn el-Ouarghi	213	–
Hr. Bou Mlem	187	–	Aïn Ouassel	203	1489
Mograwa	–	1229	Ksar Ouasser el-Haïdri	–	1554
Sidi Mohammed ech-Ghaffaï	145	–	Hr. Oudeka	205	1492
Sidi Mohammed el-Azreg	189	1434	Oudna	172	1275
Hr. Sidi Mohammed et-Touir	213	–	Hr. Ouech-Ouech	143	1177
La Mohammedia	171	1275	Ksar Ouergha	142	–
Monastir	–	1160	Hr. Ouled el-Djenna	–	1177
El-Mor	214	1555	Bir Ouled el-Gelai	–	1162
Hr. Morabba	191	–	Hr. Oum el-Abouab	139	1170
			Oum ed-Debban	142	–
			Ksar Oum Nayel	–	1428

	RAPPORT.	CORPUS.		RAPPORT.	CORPUS.
Hr. el-Oust.	143	1190	Sbiba.	144	1190
Hr. el-Oust.	–	1568	Hr. Aïn el-Sbir	–	1409
			Schuiggui.	179	1387
Pisado	–	1450	Aïn Sefra.	187	–
Porto Farina.	180	–	Hr. Segjeg.	156	–
Hr. Psitia M'ta			Hr. Seheli.	157	–
Sidi Trar.	190	–	Hr. Semaa.	–	1173
			Aïn Serrag	153	–
Rabta.	140	–	Sfax.	133	1153
Radès.	178	1284	Hr. Sguigga	168	–
Hr. Ramdam.	–	1405	Aïn es-Sif.	159	–
Ras el-Aïn			Hr. es-Siouda.	–	1195
Tlalet.	130	–	Hr. Skira.	194	–
R'det Bou Re-			Hr. Slah.	157	–
nima.	141	–	Hr. Slibita.	–	1235
Rdir es-Sol-			Hr. Sliman.	160	1259
tane	171	–	Sliman.	–	1281
Bou Rebia.	173	1275	Slouguia.	193	1447
Hr. Oued Reças.	–	1556	Hr. Smidia.	–	1445
Hr. Rechig.	142	–	Smindja.	171	–
Hr. Redes.	198	–	Hr. Snobbeur.	168	1271
Hr. Sidi Reiss.	–	1394	Hr. Ben Snoussi.	207	–
Bir Bou Rekba.	176	–	Hr. Bir Sofouir.	–	1394
Rhadames.	127	1143	Soliman.	173	–
Bordj Bou Rial	183	–	Sidi Solthan.	184	1407
Rokba.	190	–	Sommet el-		
Hr. Rommana.	157	–	Amra	–	1174
Hr. Rouhia.	–	1219	Hr. es-Souar.	139	1169
Sidi Bou Rouis	216	–	Ksar Soudan.	176	–
Hr. Aïn Roum.	–	1406	Hr. Soudga.	155	1239
Hr. Roumane.	190	–	Souk el-		
Roumie.	–	1144	Abiod.	176	–
Hr. R'rao	196	–	Souk el-		
			Khmis.	184	1409
Aïn Sabbah.	184	–	Souk el-		
Sabratha.	129	–	Tleta.	185	1410
Hr. Sadik	138	–	La Soukra.	178	–
Hr. Ben Sadoun.	–	1214	Hr. Soussa.	206	–
Aïn Safsaf.	175	1279	Sousse.	135	1160
Sidi Sahbi	167	–	Région Sra Ouartan.	–	1560
Sidi Sahbi	–	1560	Hr. Sriou.	–	1398
Hr. Aïn Saïd	–	1444	Hr. Srira.	140	–
Hr. Salah.	138	–			
Aïn Ghar Salah	210	–	Tabarka.	216	1646
Sidi Salah el-			Sidi Tahar.	213	–
Balthi.	185	–	Takhrouna.	–	1162
Salakta.	133	1157	Aïn Taki.	209	–
Saline la			Ksar Ben Talha.	206	1480
Princesse.	178	–	Hr. Tambra.	164	1268
Hr. Saraia.	169	–	Hr. Tamesmida.	142	–
Aïn es-Sardouk	196	–	Hr. Tandjak.	–	1557
Sbeitla	143	1180	Ksar Tarcine.	130	–

	RAPPORT.	CORPUS.		RAPPORT.	CORPUS.
Hr. Tarf ech-Chena	160	1260	Tunis	178	1384
Hr. Tazma	166	–	Hr. Ubeira	–	1248
Hr. Tebaga	–	1434	Utique	179	1388
Hr. et-Tebbala	197	–			
Hr. Tebornok	175	1281	Hr. Zaafran	214	–
Tebourba	178	1386	Hr. Zaatli	–	1178
Teboursouk	197	1473	Hr. Aïn Zaga	–	1406
Hr. Techga	181	1392	Zaghouan	175	1279
Sidi Bou Teffaha	182	–	Hr. Zaieta	165	–
Tehent	183	–	Hr. Zaktoun	–	1167
Aïn et-Tell	197	–	Hr. Zallala	208	–
Hr. Tell el-Caïd	168	1272	Hr. Zallet	142	–
Hr. Tellet Fouzar	159	–	Zanfour	216	1573
Telmine	140	1172	Hr. Zaouairouhou	–	1196
Hr. Tersas	196	–	Hr. es-Zaouïa	207	–
Hr. Aïn Tersassi	198	–	Zaouïa Abd el-Melek	–	1235
Testour	193	1449	Zaouïa Sidi Medine el-Ala	175	1280
Hr. Sidi Tetouai	–	1567			
Thala	145	1210			
Thala	–	1174	Hr. Zazi	209	–
Thibar	200	1486	Zegera	–	1450
Hr. Thina	132	1153	Hr. Zembra	136	–
Tininaye	127	–	Île de Zembra	178	–
Hr. Ks. et-Tir	207	–	Hr. Bou Zemzouma	–	1553
Ksar Tir	191	1437	Hr. Zenngrou	139	–
Tleta Djouama	147	–	Hr. Aïn Zeradou	212	–
			Hr. Zerdoud	–	1248
Tlil Bou Eukka	162	–	Hr. Aïn Zeress	139	–
			Oued Zerga	–	1397
Aïn Tlit	168	1272	Hr. Zgueb	168	–
Hr. Tobba	179	1387	Hr. Ziane	129	1145
Hr. el-Torrech	–	1409	Hr. es-Zid	212	–
Toual Zouameul	–	1236	Ksar es-Zit	176	1282
			Hr. Zitouna	187	–
Hr. Touila	–	1209	Hr. Zitounat	167	–
Touireuf	212	–	Zitounat et-Taief	131	1150
Bir Touita	198	–			
Toukabeur	193	1445	Zitounat et-Thobal	154	–
Aïn et-Toum	166	–			
Bordj Toum	–	1437	Hr. Zouaouda	133	–
Aïn Tounga	195	1450	Aïn Zouarin	216	1561
Bordj Touta	179	–	Hr. Zoubia	165	–
Hr. Tout el-Kaia	–	1392	Ksar Zougousch	127	–
Tozeur	–	1172	Hr. Zouitine	215	–
Hr. Aïn Trab	207	–	Hr. Zouitine	–	1386
Hr. Trilah	183	–	Aïn Zouza	154	1235
Tripoli	–	1144	Hr. Zouza	–	1492

www.ingramcontent.com/pod-product-compliance
Lightning Source LLC
Chambersburg PA
CBHW070247100426
42743CB00011B/2161